# 熱海の奇跡

## いかにして活気を取り戻したのか

市来広一郎
Ichiki Koichiro

東洋経済新報社

# 熱海の奇跡 目次

第2章

# 民間からのまちづくりで熱海を再生しよう 37



第3章

# まちづくりは「街のファンをつくること」から 57

第4章
## 街を再生するリノベーションまちづくり 87

## 第5章

# 一つのプロジェクトで変化は起き始める

第6章

# 街のファンはビジネスからも生まれる

第9章
# 多様なプレイヤーがこれからの熱海をつくる 187

エピローグ

プロローグ
# ビジネスによる〝まちづくり〟があなたの街を再生する

## 五〇年間の衰退を経験した熱海のV字回復

衰退していた熱海がV字回復した。

二〇一四年頃からマスコミなどで、盛んにそう言われ、注目されるようになりました。

かつて、首都圏の近郊に位置する温泉地として栄えた熱海は高度経済成長期から徐々に衰退していって、バブル経済が崩壊した前世紀の末から二〇〇〇年代にかけては、すっかり見る影もなくなっていました。

熱海の旅館やホテルの宿泊客数は一九六〇年代半ばには五三〇万人でしたが、二〇一一年には二四六万人と半分以下に落ち込んでいます。

しかし、それから四年後である二〇一五年には三〇八万人となっていて、短期間に二〇％以上も急増したため、熱海はV字回復したと言われているわけです。

熱海再生の要因として外的なものはいくつか挙げられます。

まず一つは、かつての繁栄を支えていた大型温泉ホテルの廃業後、低価格で泊まれるホテルが次々とつくられていったことです。お客さんのニーズの変化を捉えて急成長した観光ホテルグループが熱海にも展開してきたことによります。

バブル経済崩壊後の長い不況、さらにはそこから脱したかに思えたときに起こったリーマンショックなどにより、旅行の在り方が確実に変化していました。旅行は「安・近・短」と言われて、大都市圏の人々は近場にあり費用の安いところに短期間だけ遊びに行くというスタイルに変わっていったのです。

熱海の従来型の大型温泉ホテルが、リーズナブルな価格で泊まれるホテルチェーンに取って代わられたのは、こうしたニーズの変化を象徴するものでした。

二つ目の要因は、二〇〇七年頃から団塊の世代が定年を迎え、熱海に移住しようという人たちが増えていったことです。

別荘が次々と建てられ、それまでの旅館やホテルがリゾートマンションに建て替わっていきました。この動きにより、熱海に新しい住人が増えていき、観光による経済の活性ではなく、街の住人による熱海の内需の拡大が可能な状況になりました。

しかし、これら二つの外的な要因だけでは、きっと熱海の再生はありませんでした。

## 観光白書でも取り上げられた民間の力

二〇一七年に観光庁が発行した観光白書で、熱海は観光地再生の事例として取り上げら

平日も観光客で賑わう熱海駅前

れました。観光白書では、熱海の再生を実現させたのは、行政、民間の各プレイヤーによる努力と試行錯誤があってこそだとして、次のような三つの要素を挙げています。

①　財政危機をきっかけとした危機意識の共有、首長主導での観光戦略の合意形成

②　観光関連者の中で統一プロモーションの必要性を共有、新規顧客獲得に向けて若年層をターゲットに選定

③　やる気のある民間プレーヤーにより、個人客を意識した宿泊施設のリニューアルやコンテンツづくり

この三つの要素のうち、③についてはこのような記述もあります。

「民間ベースでは、やる気のある宿泊事業者により旅行スタイルのニーズに合わせた

施設のリニューアルや、Uターン者が立ち上げたNPO法人による魅力的なコンテンツづくりが進められている。このように、従来の観光関連事業者、Uターン者が中心となって新たなプレーヤーを巻き込み、行政の観光地域づくりの基盤をつくる取組と連携しながら活躍することで、熱海が生まれ変わりつつある」

ここに指摘されている「Uターン者が立ち上げたNPO法人」とは、おそらく私たちの組織（NPO法人atamista《アタミスタ》）のことですが、観光白書では私たちの活動について、さらに詳しく、次のように指摘しています。

Uターン者（NPO法人atamista）による熱海の魅力的なコンテンツづくり

- 熱海の街・農業・海・緑・歴史・健康などの資源を生かし、住民・別荘保有者・観光客のための体験交流型イベント事業（「オンたま」事業）の提供
- 株式会社machimori（NPO法人atamistaから派生）が、熱海の中心商店街の空き店舗をリニューアルし、カフェ、ゲストハウス等を運営　等

これらはどれも、私たちが行ってきた熱海再生のための取り組みであり、観光庁が熱海再生に寄与していると公式に認めてくれたことになります。

つまり、民間の小さな活動からでも街は変えられるということなのです。

## ビジネスの手法を用いた「民間主導の」まちづくり

「ビジネスの手法を用いて街を活性化させる」

私が民間の立場から熱海の再生のために決めたアプローチを一言で表すならこうなります。

熱海のまちづくりを行う民間企業を、自分たちの手で立ち上げ、街の再生に取り組んでいます。私たちのまちづくりは、税金に頼るのではなく、自ら稼ぎ、街に再投資し事業を生み育てることで、街に外貨を呼び込んだり、経済循環を生み出すことを目指す事業です。

地元をなんとかしたい。地域のコミュニティを再生したい。地域にある文化を次の世代につなげていきたい。地域の自然を守りたい。

こうした想いは大事です。しかし、街の経済と向き合うことなしに、衰退している街を生まれ変わらせるということはできません。

さらに経済と向き合うといっても、ただ単に人口を増やしたり観光客を増やしたりすればいいという単純な問題ではありません。魅力のある商品やサービスを生み出す企業をたくさん育て、街そのものの魅力を高めることによって経済的な実力を備えることがなければ、街は持続的に繁栄することなどできないからです。

また、ビジネスで街を活性化させると言っても、行政による支援や連携は不要というわけではありません。行政には行政にしかできない役割があります。でも、決して、行政がまちづくりの主体ではありません。なぜならば私たちの街は本来私たち自身がつくるものだと思うからです。

また行政はお金を稼ぐことが得意でもありません。でも、観光やまちづくりの分野は本来、街として稼ぐ部分であり、そこで稼いだお金が税金として納められることによって福祉や教育などの行政サービスが可能になるはずです。

だからこそ、まちづくりは、あくまでも民間主導であるべきだと、私は思っています。

「自分たちの暮らしは自分たちでつくる、自分たちの街も自分たちでつくる」

私たちが大事にしていることはこのことであり、その活動を持続可能な発展をするものにしていくには、お金に向き合うことがとても重要だということなのです。

## 熱海の街をリノベーション

全国で衰退の危機に瀕している数多くの地方都市と同様に、私たちの熱海にもシャッター街が広がっていました。中心街には一〇年以上も使われずにシャッターが閉めっ放しになっている店舗ばかりが目立ち、通りを歩く人はほとんどいないというありさまでした。

私たちは、空き店舗だらけの熱海の中心エリアを復活させたいと考えました。

私たちのまちづくりでは、「リノベーションまちづくり」というやり方も活用しています。

リノベーションとは建物をリフォームするということと混同されて使われることもありますが、単に古いものをもう一度新しくきれいにして使うということではありません。古いものを新しい価値観で見直し、新たな魅力を生み出し使うということです。

リノベーションまちづくりとは、遊休化してしまった資源を活用し、そこに新たな価値を発明し、街を再生する取り組みなのです。

リノベーションまちづくりとは、街の独自文化を活かし、古いものに新しい価値を与える、そんな新しい発想を持った人による経済活動のことです。リノベーションを行うことで、街の文化が魅力を増します。そして、住民自らが生活を楽しめるようになることで内需が拡大し、かつ、外から遊びに来る人が増えて外貨を獲得するという展開を目指すわけです。

つまり、自らの街の文化を見直し、魅力を高め、経済力を増強することで、街を持続可能な形で活性化するという考え方なのです。

そのために大事なのは、新しい価値を生み出す人の存在です。

リノベーションまちづくりで最もカギとなるのは、古い店舗を新しい価値観で再生させてくれる人たちを呼び込むことでした。そこでこの中心エリア再生のために掲げたのが、こんなビジョンだったのです。

「クリエイティブな三〇代に選ばれる街になる」

私たちは、まず、自分たちで空き店舗をリノベーションしてカフェをオープンし、地元の魅力ある人々をここに集めて交流の場にしました。

すると、そうした新しいプロジェクトに惹かれて、地元の面白く意欲のある人々が集まり始めます。外から来る面白い若者が泊まれるゲストハウスを開くと、そこを拠点にして、街に人が流れ始めたり、また熱海に移住する人も出始めます。こうした動きをみていて、このエリアに出店したいという人々が次々とシャッター街の空き店舗で事業を始めたのです。

こうして、熱海の街は変わり始めました。

観光業界にせよ行政にせよ、街の方々は、私たちが提唱していた「リノベーションまちづくり」の意義に賛同し、積極的に支援し、協力してくれました。

熱海市の行政の方々、観光協会や商工会議所や旅館組合の方々、熱海銀座商店街の方々、熱海で旅館や喫茶店や飲食店やお土産物屋さんなど商売をする方々、NPOや市民活動団体の方々、そして熱海に移住してきたシニアの方々、若者たち、農家さん、漁師さん……。こうした多様な方々の理解や協力、支援、共同の取り組みがあってこそ、私たちの活動は成り立ってきました。

よく、「どうやってそんなに多くの人を巻き込んだんですか?」と聞かれることがあります。その答えになっているかどうかはわかりませんが、「大きなビジョンと小さな一歩」

ということを常に心がけてきました。いきなり大きくはなれないし、多くの人は巻き込めなくても、一つ一つ、階段を上るように一歩一歩つくりあげていくことで、段々と多くの人と新たな町をつくりあげることができました。

こうした中で、熱海の街のファンができ、ファンがサポーターになり、サポーターがプレイヤーになりという風に、街の担い手も次々と生まれ育ってきたのだと思っています。

## 日本全国どんな街でもできる、ビジネスによるまちづくり

この本では、熱海で私たちが培った経験を、可能な限りお話ししました。

ビジネスの手法でまちづくりをすることは、熱海だけに使えるやり方というのではなく、日本全国どこの地域でも使えると思うのです。

なぜなら、かつての熱海の衰退は、日本全国の地方の衰退と同じ構造で起こったからです。

まず、熱海の衰退は、全国の温泉観光地の衰退と共通した原因を持っていました。

高度経済成長期には盛んだった団体旅行や企業の慰安旅行が激減し、個人や家族単位での旅行が主流となったことで、従来の温泉観光地はお客さんのニーズに応えられなくなっていました。この図式は熱海に限らず、全国の温泉観光地に共通して当てはまります。

さらに、熱海では中心街に人通りがなくなり、シャッター街となっていきました。これ

は、温泉観光地というより、全国の地方都市に共通した衰退の兆候です。

シャッター街に象徴される地方の衰退は、これまで、しばしば人口減少が原因だと考えられがちでした。

しかし、最近、地方活性化に取り組んでいる人々の間では、人口減少よりも街の魅力の乏しさこそ問題だと、捉えられるようになっています。

私たちもこの考え方に賛同しています。

そして、解決法として選んだ一つが、シャッター街となってしまった街の中心を「リノベーションまちづくり」という手法を用いて新しいまちづくりをすることだったのです。

こうした活動は、待っていれば、行政や街の誰かがやってくれるわけではありません。気づいた人がやるしかないのです。私自身も自らの街の課題に気づいてしまったところから始まりました。たった一人では何もできない、でもたった一人からでも始められる。そして続けることで街は変わっていく。

どうか、私たちの経験則を、皆様の街の活性化にお役立てください。

日本の地方は必ず活性化し、衰退から立ち直ることができる。

私たちはそう確信しています。

# 第1章

# 廃墟のようになった熱海

## 熱海は五〇年後の日本の姿

今、日本全国に衰退しつつある街があると思いますが、熱海は、日本の将来を先取りしています。人口減少や高齢化率の上昇など熱海は全国平均よりも五〇年は進んでいます。日本は世界の中で課題先進国と言われますが、熱海は日本の中でも特別に課題が深刻化している〝課題先進地〟なのです。

東京にも近く立地にも恵まれた、しかも有名な温泉観光地であるにもかかわらず、熱海は課題を多く抱えています。熱海で起こることは、将来、他の地域でも起こることです。

具体的な数字で見てみましょう。

まず、人口の減少です。日本全体の人口が減少し始めたのは二〇〇〇年代に入ってからですが、熱海の場合、半世紀前に早くも減少に転じています。

一九六〇年代の熱海の人口は五万四〇〇〇人とされていますが、実際には住民票を熱海に移さないまま暮らしていた人も多かったと、その頃を知る人たちは言いますから、実人口は七万人あるいは八万人を超えていたかもしれません。

ところが、熱海の人口は、最初の東京オリンピックの翌年である一九六五年をピークにして、五〇年以上にわたり下がり続けます。そして二〇一五年にはピーク時の三分の二である三万八〇〇〇人に減少してしまいました。

次に、高齢化率の上昇です。現在、日本全国の高齢化率は二七％ですが、熱海は既に四五％に達していて、さらに毎年、一％ずつ上がり続けているのです。熱海市内でもおそらく最も高齢化率が高いと思われる地域では、高齢化率は何と七〇％近くあり、住人の四分の三近くが六五歳以上の高齢者です。

しかも、世代別の人口の増減を見ると、熱海の場合、四〇代以上は増えているけれど、二〇代や三〇代は減っています。

高齢者が増えて若年層が減っている理由は、高齢者は熱海に引っ越してくるのに、若年層は熱海から出て行っているからです。

つまり、通常よりも熱海の高齢化は早く進んでいるということなのです。

続いて、空き家率です。日本全国の平均では一三％ですが、熱海では二四％です。熱海の人口は現在、三万八〇〇〇人ほどですが、住宅数も三万八〇〇〇戸ですから、数字だけを見れば、熱海で生まれた瞬間、その赤ん坊は自分専用の家を持てることになります。

実は、この数字には、熱海市内に多く存在している、リゾートマンションの空き部屋や空き別荘がカウントされていません。別荘に毎週末来るという人は少数派で、何ヶ月も来ないという人が普通になっているようです。中には、物件は所有しているものの一度も来たことがないという人も珍しくはない状況なのです。

もし、人のいない別荘までカウントすれば、熱海の実質の空き家率は五〇％を超えています。これは全国の市で最も高い数字です。

人口減少、高齢化率、空き家率に加え、生活保護率の高さや出生率の低さ、未婚率の高さ、四〇代の死亡率についても、熱海は静岡県内で一位、二位を争う状況です。

これを見れば、熱海が日本の課題を先取りしていることがわかるのではないでしょうか。実際、こんな数字を知らない方々でさえ、ほんの一〇年前までは地元の人々は暗い未来が避けられないと諦《あきら》めていたほどです。

しかし、これほどに衰退した熱海にも、繁栄の時代はあったのです。

## 日本一の温泉地としての全盛期

かつての熱海は日本を代表する温泉観光地として栄えていました。

一九六〇年代半ばから七〇年代前半には宿泊客数は五〇〇万人を超えていて、日本一の温泉と自他ともに認める時代がありました。

そんな繁栄の時代から少し後の、まだお客さんが多かった時代に、私は熱海に生まれています。

私は一九七九年（昭和五四年）の一月に熱海の桃山《ももやま》という地区で生まれました。

熱海駅の裏の桃山という地区は企業の保養所や別荘がたくさんあるエリアでした。私の両親が管理人を務めていた銀行の保養所もそこにありました。

昭和50年代の熱海銀座　　熱海市立図書館蔵

私が小学生の頃はちょうどバブル経済の時期に当たり、日本は好景気に沸いていました。幼い頃の保養所はいつもにぎわっていて、活気があったことを覚えています。多くの宴会があって、団体で来たお客さんたちが麻雀をやっているところでお客さんに遊んでもらい、麻雀を教えてもらった記憶もあります。近隣のほかの別荘や企業保養所も同様で、いつも大勢の人が訪れていたものです。

熱海の企業保養所にとってあの頃は全盛期でした。熱海は大企業の本社が集中する首都圏から見れば慰安旅行や保養のための場所としてほどよい距離にある格好の温泉地ですし、バブル経済期で企業に余裕のあった頃ですから、保養所が数多く設けられましたし、盛んに利用もされていたのです。

好景気だったのは桃山だけでなく、熱海の中心エリアも同様で、小さい頃に時々遊びに行ったときには、大勢のお客さんが通りを歩いていましたし、大きな温泉ホテルには団体旅行のお客さんが泊まっていました。

中心街の熱海銀座通りなども非常な賑わいでした。私が生まれる前の昭和三〇年代、四〇年代は毎週末が歩行者天国で、通りでは人が多すぎて、人と肩がぶつからないように歩くのが難しいほどの混雑だったようです。

幼かった頃の私の記憶にある熱海は、大勢の観光客が集まる、活気のある街だったのです。

## 見る見る衰退していった九〇年代

一九九〇年代に入って私が中学生になった頃、バブル経済が崩壊します。ここから街は急速に衰退していくのです。観光客が激減し、街なかを歩く浴衣姿の人々の姿がまばらになりました。誰の目にも、不景気は明らかでした。

それでもバブルが崩壊した当初は、まだ中学生だった私はもちろん、多分、熱海の大人たちにも危機感はなかったでしょう。バブル最盛期のような好景気とはいかなくとも、まだ団体客は熱海に来ていたからです。

そこへ、衰退のとどめを刺したのが、地震でした。

バブル経済崩壊後の一九九〇年代前半には毎年のように伊豆半島の伊東沖で群発地震が発生します。その影響で熱海から観光客の足が遠のいてしまいました。

一九九四年の春に私は静岡県立韮山《にらやま》高校へ進学しますが、その後、群発地震が収まっていたにもかかわらず、熱海に観光客は戻ってこなかったのです。当時の私は、人通りがめっきり減って寂しくなった街の風景を目にするたび、不安を感じていました。

「熱海がどんどん衰退していく。何とかしないと」

自分では覚えていないのですが、同級生によると、当時の私はそんなことをしつこいほど毎日のように言っていたようです。

時代はちょうどバブル崩壊後で、阪神・淡路大震災や地下鉄サリン事件が起きた頃です。そしてその後、山一證券や北海道拓殖銀行の破綻という日本経済の悪化を印象づけるような出来事がありました。

今までの社会がガタガタと音を立てて崩れていくような感覚を受けていました。それと同じ時期に、この熱海でも、どこどこの旅館が潰れた、誰々さんが夜逃げした、誰々さんが自殺した、というような話を多く聞くようになり、そして、数年で街が廃墟のようになっていく姿を目の当たりにします。

街から人が減り活気が失われていく様子を肌で感じるうち、高校生ながらに感じるものがあったのだと思うのです。

## 保養所が閉鎖

一九九七年に私は韮山高校を卒業し、当時の東京都立大学、今の首都大学東京へ進学します。高校二年まではろくに勉強もせずに成績は下から数えたほうが早いような状態だったのですが、高三になって物理の世界にのめり込みました。アインシュタインのように一〇〇年後の世界を変える発見がしたい。そんな想いで、将来は物理学者になりたいと考えるようになっていました。物理の成績も急上昇し、おかげで二次試験を物理だけで受験できる都立大学に入ることができました。

都立大学は東京の八王子にあったのですが、一年生のうちは熱海から通っていました。新幹線通学というわけで、東海道新幹線のこだま号（まれに熱海に停まるひかり号もあり）に乗って新横浜に行き、横浜線に乗り換えて、片道の通学時間が一時間半かかりました。かなり長い通学時間ですが、やはり熱海に愛着があったからです。

大学に通うようになって気づいたのは、熱海という名前を誰もが知っているという事実です。熱海が何県にあるかわからない人でも熱海という名前は知っている。熱海出身というと、それが話題になるのは正直嬉しかったものです。

その頃から、自分のアイデンティティの一部としての熱海というものを意識するようになったのではないかと思います。

新幹線通学はこだまの本数が少なくてやはり不便で、二年生からは大学の近くに下宿します。そんな二年生も終わりが近づき始めた頃、実家に帰った際に、衝撃的なニュースを両親から聞かされることになります。

私が生まれてこの方、二〇年間暮らしてきた熱海の保養所が閉鎖になるというのです。所有者である銀行が、バブル崩壊後の長い不況に苦しみ、合理化のために閉鎖を決定したからです。

## バブル崩壊の余波で故郷を追われる

実は、こうなる予兆はありました。

桃山エリアは目に見えて衰退していて、近隣の保養所では閉鎖が相次いでいたからです。私が幼かった頃、保養所は最盛期で一九八九年には熱海市内全体で五四四軒もありました。ところが、バブルの崩壊以後に急激に減っていきます。企業が業績悪化に伴って資産の処分を行ったからです。ちなみに、熱海の保養所はそれからも減り続け、今では一三〇軒ほどしかありません。

私は、そんな寂れていく様子を感じて、不安に思っていました。

あの当時、両親が保養所の管理人を務める銀行もまた、バブルの後始末で四苦八苦していました。不良債権を抱えて都市銀行同士の合併が次々と進められていったのですが、合併すれば、同様の施設がダブつきます。事実、銀行合併の結果、私たちの保養所を所有していた銀行は、熱海に複数の保養所を持つという状態になっていました。

施設がダブついているという理由で、銀行合併後に所有していた施設が閉鎖されたり、売却されたりすることがよく行われたのですが、保養所もまた例外ではなく、銀行統合により、同一銀行で保有していた保養所が先に閉鎖されていきました。一九九九年には、私の家族が長年暮らしてきたあの保養所の閉鎖を、銀行が決めたのでした。

両親は横浜市日吉《ひよし》にある社員寮の管理をすることになり、一家でそこへと移ることになりました。こうして、私は生まれ育った熱海に自分の家がなくなってしまったのです。両親は銀行に雇われているサラリーマンですから、会社に命じられるまま、熱海の保養所から転勤し、日吉の別の施設へ移りました。

この保養所が閉鎖になったのは一九九九年。私自身は二〇歳で、初めての海外旅行に出かけた直後でした。ヨーロッパをめぐり、日本とは違う、社会の豊かさやゆとりを感じて帰ってきたときでした。自分にとっての大切な熱海に自分の居場所がなくなったわけで、熱海の衰退を身をもって感じる体験となりました。

そして同時に大きなホテル・旅館が次々と閉鎖していく状況を見ていて、このとき思ったのです。

「大きなものや、よそのものに頼っている街はもろい。小さくても地域に根付いた人や事業をつくっていかないと、街は数年で一気に廃墟のようになってしまう」と。

## 観光に求めるものが変わった

既にお話したように、かつて全盛を誇った熱海は半世紀をかけて衰退していきました。宿泊客数は半減し、人口も約三分の二に激減しました。

こうした衰退は熱海だけでなく、かつて繁栄した日本全国の温泉観光地に共通な現象です。静岡県の伊豆半島には、熱海だけでなく、伊東や修善寺《しゅぜんじ》など著名な温泉観光地が多いのですが、静岡県の調査によると、そうした温泉観光地はどこでも人口減、高齢化、空き家率の数字が全国平均よりも悪く、ワーストのランクは温泉地で占められている状況なのです。

しかも、これは静岡県の温泉地に限ったことではなく、全国の温泉観光地に見られることです。

では、なぜ、日本の温泉観光地はどこも衰退してしまったのでしょうか。

その答えは、**従来型の観光が行き詰まった**ことに理由の一つがあると考えられます。

熱海の全盛期だった一九六〇年代半ば、宿泊客の中心は団体旅行の人々でした。首都圏の企業の慰安旅行などで、団体のお客さんがたくさん熱海にやって来ていたからです。

それが次第に変わっていったのは一九九〇年代の初頭からであり、さらに本当に激減したのは二〇〇〇年以降のことです。

旧来の温泉観光地の衰退の原因として、よく言われるのは、

「大型旅館やホテルだと、一つの建物の中で温泉から飲食、娯楽、お土産まで、全てが完結してしまうので、お客さんが温泉街へと出て行かない」

ということです。

例えば、昔の企業の慰安旅行ならばこうでした。

新幹線で熱海駅に着き、送迎バスで旅館へ行って温泉につかった後、宴会場へ行けば、そこそこの料理が用意してあって楽しく酒を飲んで、二次会のカラオケもホテル内にあり、その夜は旅館に泊まり、また送迎バスで駅に行って東京へ帰る。

熱海は東京から近いですし、慰安旅行のように泊まりがけの宴会で親睦を深めるという目的ならば、旅館やホテルで全てが完結する旅行で十分だったのでしょう。実際、かつて会社の旅行で熱海に来たことがあるという人に聞くと、

「熱海は昔、よく行ったけれど、街なんか歩いたことはないし、どこの宿に泊まったのかも覚えていない」

こんな答えが返ってくることも多いのです。

ところが、二〇〇〇年代に入った頃から、旅行に対してお客さんが求めるものが変わっ

てきました。かつてのように、旅館やホテルにただ泊まるだけの旅行では、お客さんは満足できなくなったのです。**旅行で何が体験できるのかが、問われる時代**になったからです。

## 街の魅力を求めるお客さんたち

観光客の求めるものは、日常の暮らしにない新しい体験です。

温泉観光地の場合、温泉という要素は日常にないものではありますが、これは日本中のどこの温泉観光地にもあるという意味ではありふれたものでもあるわけで、これだけでは、十分な魅力とは言えません。

**お客さんたちを集める重要な要素は、街そのものの魅力です。**温泉旅館に泊まるということではなく、どこの街へ行くのかがお客さんにとっては重要だということです。魅力的な街を歩き、街を知るという体験を求めて、観光客が集まってくる時代になったわけです。

ところが、皮肉なことに、熱海の街はかつての団体客でにぎわっていた頃に比べて、すっかり魅力が失われていました。

「昔はそれなりに賑やかな街があったんだけれど、今じゃ、お客さんに街に出て、ぜひ見てほしいというところがなくなってしまった」

二〇〇〇年代には、旅館やホテルの関係者がこう嘆くようになりました。

一九六〇年代にはお客さんが多かったけれど、旅館やホテルで過ごすことでお客さんのほとんどは満足していた。時代が変わって、お客さんのほうでは街の魅力を求めるようになると、今度はすっかり街は衰退して魅力を失っていたというわけです。

**観光客の求めるものが、かつてのような団体客による宴会歓待型から、今では個人や家族による体験・交流型に変化した。**

これが、熱海を含めた温泉観光地の衰退の、根本的な原因でした。

今では、かつてどこの温泉地にもあったような温泉旅館の中だけで、特に地元のものでもない宴会料理を食べ娯楽までを完結することを前提にした旅行で、一泊二万円も支払うという人は少なくなっているように感じます。

だったらもう少し高いオーベルジュや地場食材の料理にこだわった旅館に泊まるか、むしろ、宿泊施設は食事なしの素泊まりで、なるべく安く済ませ、宿の外での観光や飲食にお金を使いたいという人が多くなっているのではないでしょうか。

ただ、個人や家族での旅行が増えていることで、観光ホテルチェーンが格安料金で宿泊できるようにして、客数を増やしている場合もあります。一泊二食付きで一人七八〇〇円、食事は食べ放題、アルコール類も飲み放題付きというサービスです。こうしたやり方が上手くいっている例が熱海でもあります。

街の方たちが気にしているのは、そうした格安のやり方が、お客さんに飽きられるときがくるのではないかということです。格安料金で呼び込んでいたお客さんが来なくなったら、街にも悪影響があるのではという心配の声があるわけです。

やはり、**温泉観光地の復活は、格安で人を呼ぶのではなく、街の魅力を高めることのほうが本筋**ということだと思うのです。

例えば、地域活性化の達人である木下斉《ひとし》さんは、**これからの地方における観光は観光客数よりも観光消費総額を重視すべき**だと言っています。

そして、「一〇万人に一〇〇〇円使ってもらう観光から、一〇〇〇人に一〇万円使ってもらう観光へと変わる」ことで、小さな地域の現実的な観光産業が成り立つとして、地方の文化やライフスタイルで稼ぐことが新たな地方の観光だという見方を示しています。

今の私は、熱海という地方の活性化に取り組んでいますから、木下さんのこうした意見に心から共感できます。学生だった頃から、この街の変化を肌で感じてきて、また多くの旅をしてきた身としては、過去のようなやり方を続けていては決して再生することはない、そう感じていました。

時代の流れによるこうした観光に対するお客さんのニーズの変化に対応できず、熱海を含めた日本各地の温泉観光地は衰退してしまったわけです。熱海の場合、かつての大いなる繁栄が逆に足枷となり、変化することを遅らせてしまったという面があると思います。

そして、熱海に暮らし、また、たまに熱海に帰り、街を歩いてみて、こうも実感していました。

この街は単なる宴会の一泊旅行に来るだけではわからない、噛めば噛むほど味がでるようなそんな魅力があるんじゃないか。住んだり、繰り返し来たり、長く滞在したりするほど感じられる魅力があるんじゃないか。熱海は、今までの延長線上にはない、新たな人たちがまた新たな使い方をすることで再生していくんじゃないだろうか。

思えば、これが私の熱海再生の原点となる感覚だったのかもしれません。

**第1章で紹介した「成功要因」**

- ●街の歴史と現状を知り、本質的な問題をつかむ。
- ●街にとってのお客さんの変化を知る。
- ●旅行で何が体験できるかを問われる時代。
- ●人々を集める重要な要素は、街そのものの魅力であると認識する。
- ●団体客による宴会歓待型から個人や家族による体験・交流型に変化した流れをつかむ。
- ●これからの地方における観光は観光客数よりも観光消費総額を重視すべき。

第2章

# 民間からのまちづくりで熱海を再生しよう

# 地元熱海にこだわる理由

衰退してしまった熱海をなんとかしたい。

熱海で生まれ育った私は、熱海を離れてからもそう考え続けていました。そして、熱海の再生に力を尽くしたいと思いながら成人しましたし、ずっと「熱海再生」のことが頭を離れることはありませんでした。

熱海の商家で育ったわけでもない私が、なぜ熱海の再生にそこまでこだわっていたのか、今となっては私自身にさえ不思議ですが、理由かもしれないと思える体験が二つあります。

一つは、熱海のお祭りです。毎年七月一五日・一六日に「熱海こがし祭り」というお祭りがあります。樹齢二〇〇〇年の楠の大木がありパワースポットとしても有名な来宮《きのみや》神社の例大祭です。地元に若者が普段いない熱海の街にこの日だけは多く集まってきます。外に出ていってしまった若者もこの日だけは熱海に帰ってきたりもします。昼は神輿、夜は三〇を超える各町内から山車《だし》が出る、熱海が一番熱い夜となります。

私自身もこのこがし祭りには欠かさず参加していました。大学生のときもテストを休んで参加し、就職してからもなぜか毎年参加できていました。熱海の街が一体になっているかのような感覚、衰退していく中でも最高に盛り上がった強烈な記憶……。この体験がなければ熱海にこれほどまでに愛着をもっただろうか、そんなことを考えることもあります。

また、両親や祖父母が熱海に深い縁のある人たちだったことも理由の一つでした。両親が管理していた保養所は、もともとは別荘でした。その別荘を管理していたのは、私の母方の祖父母です。別荘はしばらくして銀行の保養所となったのですが、祖父母はそのまま管理を任されました。そして、私の母はずっとその建物で育ったわけです。

私の父は二二歳のときに母と結婚したのですが、ずっと子供ができませんでした。父は東京で生まれ育ちましたが、一九七〇年代前半から後半にかけて名古屋の金融機関に勤務していました。ところが一九七七年に祖父母の保養所の仕事が定年を迎えるタイミングで、父母は思いがけず管理人を引き継ぐことになりました。

その二年後、結婚して一二年目で私が誕生したのです。さらにそれから三年後には今度は妹を授かることになり、両親は驚きの連続だったようです。

この話を聞いたのは二〇歳の頃です。そのとき、何か感じるものがありました。それ以来、もし両親が熱海に暮らすことがなかったら、私は今、存在していなかったのではないかと思うことがときどきあります。子供が生まれたことで、両親はそのまま管理人を続ける決意をしたわけです。

もうお話ししたように、それから約二〇年後、私が大学生になって熱海を離れたとたん、今度は、両親は熱海から横浜へ引っ越さなければならなくなりました。まるで、両親を熱海に結び付けていたのが、私という存在だったかのようにも思えます。

少なくとも、私の父が熱海の街と深い縁を結ぶようになっていたのは事実です。父は、私が地元の中学に通っていた頃は積極的にＰＴＡの活動に参加していました。また、熱海に場外馬券場をつくる計画が持ち上がったときなどは、ＰＴＡの人たちと共に先頭に立って反対運動をするなど、街のことにも関わっていました。

そうしたこともあり、保養所の閉鎖が決まりいよいよ熱海ともお別れという日が来ると、街の人たちがとても盛大に送別会を開いてくれました。

こうした経験が積み重なって、私にとって熱海という街は特別な場所になったということだと思います。

## いずれ熱海に戻ろう

大学の物理学科を卒業した後、大学院へ進みました。けれど、もう物理学者になる気持ちは薄れていて、もっとダイレクトに社会に関わりたいと考えていました。

きっかけは、保養所の閉鎖直前に行った、人生初の海外旅行でした。生まれて初めて日本ではない国の人々と出会ううちに、

「もっと旅をしたい、もっといろんな経験をしたい」

と思うようになっていたのです。

実は、それまでの私は人見知りな性格で、人との交流は苦手なほうだったのですが、旅

で海外の様子に触れたことで、大きく目を開かされたのです。

まさか、自分を大きく変えてくれるきっかけとなった海外での経験の直後に、故郷である熱海に暮らせなくなるとは思ってもいませんでしたが、これより以降、私は自分の人生に欠けている何かを求めるような気持ちで、頻繁に旅をするようになりました。

大学三年のときには父方のルーツである鹿児島を旅したり、大学院一年のときには一人旅で東北を野宿で一周したこともあります。

大学院二年の四月には就活で希望通りＰｗＣ（プライスウォーターハウスクーパース）コンサルティングという外資系のコンサルティング会社から内定をもらい、その後の六月、サッカーワールドカップでポルトガルの試合を見るために、韓国にも旅行に行っています。

就活をしているときは、「自分は何をしたいのだろう」と真剣に考えました。

日本は豊かな環境だと思っていましたが、海外から戻ってくると、満員電車に揺られている生活が本当に豊かなのだろうかと疑問を持つようになりました。

こんな具合に、自分の本当にしたいことは何か考えているうち、自然に自分の本当の気持ちが浮かびあがってきたのです。

「やっぱり、いつかは熱海に戻ろう」と。

## 旅して気づいた熱海の可能性

実は、私が内定をもらった頃、コンサルティング業界の再編がありました。かつては「ビッグセブン」と呼ばれた大手コンサルティング会社の間で合併が進んでおり、四月に私が内定をもらったＰｗＣコンサルティングも、その年の秋には合併されＩＢＭビジネスコンサルティングサービス（現・日本ＩＢＭ）に変わりました。

そのＩＢＭビジネスコンサルティングサービスでは、入社時期が、日本では普通である四月と、それとは別に半年後の一〇月の入社という二つのパターンが用意されていて、新入社員はどちらかを自由に選択できることになっていました。すぐにでも仕事をしたいというタイプの人は四月入社を選んだようですが、私は一〇月入社を選び、その半年という時間を旅行にあてることにしたのです。

タイやインドをめぐり、また電車とバスを使ってトルコからポルトガルまで旅しました。特にインドには一ヶ月ほども滞在していました。インドの人々が人生最期の地として行くバラナシという街に行き、ガンジス川のほとりで亡骸《なきがら》が焼かれているのを見たりしているうち、死生観が変わっていきました。その後、日本に帰ると、それまで気にもしていなかったことが怖くなってきたのです。

「なぜ、みんな、こんなに必死に自分を隠して生きているのだろうか」

私は自分自身を含めて、日本人の多くが人の目を気にし、自分の本当の気持ちを隠して生きていると初めて自覚しました。

最初は、それまで優等生タイプで生きてきた自分だけの問題かとも思ったのですが、だんだん、それは個人のことではなく社会全体の問題なのだと思えてきたのです。

そして、こう思いました。

「この社会にただよう閉塞感をぶち壊したい」

こうした気持ちも抱えて、一〇月にＩＢＭビジネスコンサルティングサービスへ入社したのでした。

## このままでは都会にも地方にも未来がない

入社してから半年間は研修、その後保険会社の基幹業務システムをつくるプロジェクトでプログラマーやＳＥの仕事をしていました。

社会人になりたてでもあったこの時期は、つらかったのを覚えています。日々、パソコンの画面に向き合う仕事で誰のためになっているのか実感が持てなかったせいでしょうか、

「このシステムをつくって、誰が幸せになるんだろう」

こんな疑問が頭から離れなかったからです。さらに日々、なぜ仕事をするのだろうか、

などということも考えてしまっていました。日々、会社と家の往復だけの生活だったのも視野を狭めていたのかもしれません。

またそれは、ちょうどこの頃、今度はプライベートな部分でもきつい出来事が起こったからでもありました。地元の友人の一人が自殺したのです。

「なぜ、あいつは死んだのだろう。なぜ、自分は死なないのだろう」

そんなことばかりを半年も考え続けていたあるとき、ふと、こう思ったのです。

「生きていることに大した理由はない、ただ生きているだけ。そして人生は、遅かれ早かれ必ずいつか終わる。それなら、思い切りやりたいことをやろう」

私のやりたいこと、それは、やはり熱海の再生のほかにはありません。

けれど、当時の私はすぐに熱海に向かうことはしませんでした。

少し前に、私は休みをとって一週間ほど、ミャンマーを旅していました。今考えると半年に一回くらいは一週間以上の休みをとって海外に行けたので、とてもいい会社だったなと思います。そのミャンマーに行って、素朴な現地の人々の暮らしに接しているうち、漠然とこのままミャンマーに暮らし続けるのもいいななどと考えていたのです。

東京での今の暮らしや仕事を捨てて、日本を飛び出して海外に暮らしたい、あるいは、熱海に帰ってのんびりと暮らしたい、そんなことを考えていました。

ところが、突然、そんな自分に猛烈な違和感を覚えました。

「何を甘えているんだろう、俺は」

自分で自分にそう言いながら、こう考えたのです。

（ミャンマーの人が日本の人よりも生き生きして見えるから、こっちに住みたいなんて、ただの甘えだ。東南アジアやインドなどの旅先で会った人たちの多くは海外旅行に出かける経済的な余裕なんかないんだ。ミャンマーで出会ったホテルのスタッフは月給が一〇ドルだと言っていた。それなのに、おまえはどうだ。大学院まで教育を受けて、就きたい仕事について、良い給料をもらって、好きなだけ海外に出かけて、自分のやりたいように生きてきてる。アジアで出会った人たちには手の届かないような暮らしをしてる。それをないものねだりで、その暮らしに憧れて、羨《うらや》むなんて、甘ったれた話だ。

それに、いくらミャンマーが良いところだって、このまま発展を続けていけば、よい意味でも悪い意味でもいずれ日本のようになる。ミャンマーだっていずれ経済発展をすることになる。人々が頑張っているけれど、その行きつく先では皆が幸せでないとしたら、やっぱり不幸なのは同じだ。この国に住んだところで、何も解決しないじゃないか。

ならば、ミャンマーに住むことが、俺のやるべきことであるわけはない）

そして、結論が出ました。

「やはり、身近なところから変えていこう。熱海を何とかしたいけれど、今の自分にはそんな力はない。今、社内でできることから始めよう」と。

## コンサルティングという仕事のやりがいと限界

私は自分の問題意識を社内で発信することにしました。

日本経済は発展したと言っても、心を病んでいく人もいるし、働く人は必ずしも幸福になってはいない。この会社の社員だってそうではないか。事実、プロジェクトの中で心を病んでいく人もいる。人を幸福にする働き方を求めるべきではないか。

こんなことを会社の様々な人に話していると、中には耳を傾けてくれる方々もいましたが、逆に、

「俺はそんなことはなく、やりがいもあるし幸せだ。そんな病んでる人ばかりじゃない。文句ばっかり言っていないでもっと仕事で成果を出せ」

というようなことを、言われたときもあります。もっともなことだなと思い、何か具体的なプロジェクトや仕事として、この問題と取り組めないかと考えるようになりました。

そんな頃、ある同期から、「それなら、こういうプロジェクトがあるんだけれど、参加してみたらどう？」と勧められたのです。

それがワークスタイル変革のプロジェクトでした。

ＩＢＭビジネスコンサルティングサービスでは自分の仕事は自分で見つけて手を挙げて応募するスタイルでした。ちょうどプロジェクトの募集があったので、すぐに応募して採

用されました。

そして、二〇〇五年七月から翌年の三月までの九ヶ月間、九州の福岡県にある企業のワークスタイル変革に携わります。

実は、ワークスタイル変革は、私が働いていた会社自体が一九九〇年代から先駆的に取り組んできたことでした。ペーパーレスにして、すべてデジタルデータで情報共有し、会議は紙を配布せずプロジェクターやモニターを活用して行う。固定席をなくしてオフィスをフリーアドレスにする。IBMビジネスコンサルティングサービスではこうした改革を進めていたのですが、それを生産性向上と働き方の多様化を狙う企業に導入するプロジェクトです。

このとき、初めて仕事を面白いと感じました。プロジェクトチームは少人数で、最後のところではプロジェクト・マネジャーやクライアントからかなりの部分を任せてもらいました。手ごたえもあり、貴重な体験だったと感じています。

人の意識を直に変えることは難しいけれど、ハードを変えることで、人の行動を変え、行動が変わることで人々の意識が変わることを、学ばせてもらいました。

また、成果もある程度は上がったと思います。このときの私たちの仕事の幾つかは、「働き方改革」が流行語となっている現在から見ても、先駆的な試みだったでしょう。

ただ、残念だったのは、結局、企業を変革できるところまでには至らなかったことです。

もちろんそこまで成果を出せなかった自分たちの力不足の点もあったかもしれませんが、突き詰めて考えると、コンサルティング会社は、所詮、クライアント企業のビジョンの範囲でしか仕事はできないと痛感することにもなったのです。

## 自分自身のミッションに気づいた一新塾

ワークスタイル変革の仕事をしているとき、私自身はとても仕事にやりがいを感じていました。

お客様の期待に一二〇%応え、仕事で成果を出そうとすること、それに手応えを得て、お客様や上司から信頼され、より大事な仕事を任せてもらえるようになること、そして自分自身の頭で考え提案したものが受け入れられる喜びを感じていました。

そして、あるとき思ったのです。

「この仕事でこんなに楽しいのなら、自分が本当にやりたいこと、つまり熱海のことをテーマにしたら、もっと楽しく仕事ができるんじゃないか」

それから、自分のキャリアを熱海のまちづくりの方につなげていくためにはどうしたらいいか考えました。

公共政策や公共経営を学べる大学院に行くことも考え、願書も取り寄せました。でも、しっくりきませんでした。仕事をしているやりがいも感じましたから、座学で学びたいわけではなく、もっと現場で実践的に学べる場はないかと考えたのです。そして、そんなときに出会ったのが、一新塾《いっしんじゅく》でした。

一新塾というのは世界的なコンサルタントで有名な大前研一氏が創設してできた塾です。大前氏がかつて平成維新を唱えて上手くいかなかった後、これからの国を変えていく人財を育成していこうということで創設された場です。

政治家、社会的な起業、ボランティア活動など、アプローチの手段を問わず、主体的市民として草の根から社会を変えていくプレイヤーを育てるのが目的です。

一九九〇年代の半ばにできて以来、一新塾からは数々の起業家や政治家などを輩出しています。

基本的に週一回、水曜日の夜に、現役の政治家や社会を変えてきた起業家などの講義があります。それと並行してプロジェクトワークがあります。プロジェクトを起こしたい人がプレゼンし、塾生の中でプロジェクトに参加する人を募り、十分な参加者があると、プロジェクトがスタートします。それに対してアドバイスやコンサルティングを受けながら、一年間活動します。

私は熱海のまちづくりをテーマにプロジェクトを提案しました。幸い、七人もの参加者が手を挙げてくださり、プロジェクトがスタートしたのです。

## まちづくりを仕事にする——事業を通して熱海を変えよう

会社の仕事をやりながら一新塾の活動を並行して行うのは、正直なところかなりきつい生活でした。当時、会社では関西で大学の組織改革と業務改革の仕事をしており、塾のある東京と関西とを新幹線で毎週行き来していました。

週の半分ずつを関西と東京で過ごすという状態で、体力的にはきつかったのを覚えています。ただ、一つだけ良かったのは、東京と関西の途中に東海道新幹線の熱海駅があることでした。往復の途中で熱海に寄ることができたからです。

さて、一新塾の活動を通して磨き上げたプロジェクトのミッションはこうでした。「一〇〇年後も豊かな暮らしができる熱海（街）をつくる」こと。そのためには、街を変えるプレイヤーをたくさん増やしていく必要がある。まず、住民の意識を変えていき、いずれ、街に起業家も育てていく。

つまり、熱海のこれからを担う起業家を中心としたプレイヤーを増やすことで街を変えようと考えていたわけですが、このミッションは今でも変わっていません。

しかし、一新塾に出会うまではもっと別の方法を考えていました。最初はまちづくりをやる手段が行政や政治しか思い浮かびませんでした。三〇代のうちに熱海で起業し、会社を成功させ熱海市役所と同じくらいの規模の会社が経営できるようになり、三九歳で熱海市長になるというキャリアプランを描いていたのです。
街を変えるには政治家にならなくてはならないと思い込んでいたわけですが、その思い込みを壊してくれたのが、当時、一新塾の理事でもあった片岡勝《まさる》さんでした。片岡さんは、一九八〇年代の半ばに銀行を辞め、幾人もの起業家を育成してきた人です。

「社会を変えるのは、政治にしかできないことではない。**ビジネスの手法を使っても社会は変えられる。それには起業という手段がある**」

片岡さんの実践してきたことを知るうちに、私の意識が変わります。政治家よりもこちらのほうが自分には合っているとも思いましたし、熱海を変えるのは政治からではなく、ビジネスを通して取り組む方が大きく変わるんじゃないか、と感じるようになりました。

**ビジネスの手法を使ったまちづくりによって熱海を変えよう。**

片岡さんとの出会いで、こう考えるようになったのです。

## 熱海に没頭するために会社を辞める

当時、ビジネスの手法を使ったまちづくりということはまだまだ一般的ではありませんでした。それどころか、まちづくりというと当時は、すぐに「いずれ政治家になるの？」ということも言われました。

ですが、持続して街を変え、そして発展させていくためには、ビジネスの手法を使ったまちづくりこそが必要だと確信していたのです。

一新塾には社会起業コースというものが既にありましたし、私もそのコースを受けていました。その後、リーマンショックや東日本大震災などがあって、ビジネスの手法を使って社会課題を解決する社会企業や、社会起業家、あるいはソーシャルアントレプレナーという言葉も、だんだんとメディアなどでも取り上げられるようになってきたのではないかと思います。

そうして、会社の業務と一新塾のプロジェクトの二足の草鞋《わらじ》を履く生活をして半年が経った頃、私の頭の中では、熱海のプロジェクトの比重が会社の仕事を圧倒するようになっていました。

だんだんと熱海のことばかりが頭の中を占めてきて、熱海のことを考えすぎて会社の仕事が手につかなくなってきてしまったのです。

これでは仕事にならずに会社に迷惑をかける。そう思いつつも、熱海のプロジェクトを緩める気など全くありません。むしろ、熱海に専念したいのが正直な気持ちでした。

ただし、やはり会社でもまだ身につけたい事、経験したいこともありましたし、ようやく給料が上がるタイミングでもあり、それをなげうって無収入になることにもやはり抵抗はありました。

会社を辞めて熱海に帰るかどうか二週間ほど悩みました。最後に熱海に帰る決断を後押ししてくれたのは、後に妻となった治子の一言でした。

「うだうだ悩んでんじゃないよ。熱海でやりたかったらやればいいじゃない」

その一言にはっとさせられ、決意し、会社を辞めることにしたのです。

二〇〇七年三月にＩＢＭビジネスコンサルティングサービスを円満に退職しました。二八歳のときのことでした。

会社を辞めた後も、同期や上司など仲間たちは毎年のように熱海を訪れてくれますし、現在は私たちの会社に出資したり、ＮＰＯの会員になってくれている方々もいます。この会社に勤めていたのは三年半ということになりますが、今から振り返って、大変に良い経験をさせてもらったと感謝しています。

特に、コンサルタントとしての仕事で身につけたもののうち、幾つかは、熱海での仕事でも役立っていると実感しています。

例えば、ＩＢＭではいつも、「クライアントに信頼されるパートナーであれ」と言われてきました。常にプロフェッショナルとして行動することも求められていました。本質的な問題は何か、考えるくせが身につき、問題解決のスキルを磨くことができたと思っています。

熱海でやっていることで言えば、**「何が街の課題なのか。何が原因なのか」ということを常に考えながら仕事をする**ということです。

問題を発見し解決するというスキルが、コンサルタントとしての業務を経験したことで鍛えられました。

## 帰郷

熱海に帰ったとき、住まいは祖母の住んでいるマンションでした。元々、両親もいずれ熱海に帰るというつもりでマンションを持っていて、当時は祖母が住んでいたのですが、私がそこへ転がり込んだという形です。

住居費が要らないということは、会社を辞めて収入のない、当時の私にとっては非常に助かりました。

たった三年半しか勤めていないので、会社を辞めても退職金などありません。それまでもらっていたボーナスは、ほとんど海外の旅に使ってしまっていたので、熱海に戻ったときの私の口座には二〇〇万円ほどの預金があっただけです。差し当たり、出費はできるだけ削るべきでした。

とにかく熱海のことに没頭したいという一心で会社を辞めてしまい、稼いでいくための事業計画も特に持たない、そんな無謀な出発でもありました。

こうして私は、念願の熱海へと、まさに何もない状態で戻ったのでした。

その頃の熱海は、大型の温泉ホテルや旅館が次々に倒産し、リゾートマンションに建て替わっていました。

マンションが建ち、移住者や別荘所有者が増えることは喜ばしいことです。ただ、私はマンションだらけになっていく熱海を見て、都心と変わらない無機質な風景になっていくことを何とか止めたかったのです。

街の風景が失われていくことに危機感を持ったことも、この時期に帰ろうという意思を後押しするものでした。

**第2章で紹介した「成功要因」**

- 民間からのまちづくりはビジネスの手法を使って社会を変える手段。
- 民間からのまちづくりで熱海を変えようと決意。
- 違和感や問題意識を大切にする。
- 自らが没頭できることを仕事にする。
- 民間が利益をあげてこそ持続可能なまちづくりになる。
- 何が街の課題なのか、何が原因なのか、常に考えて仕事をする。

# 第3章

# まちづくりは「街のファンをつくること」から

## 地元の人たちが熱海を知らない

「熱海には何もない」

私が帰ってきてまずショックだったのは、この言葉でした。これは誰か一人が言ったわけではなく、同様の言葉を地元の多くの人たちが口にしていたのです。

例えば、あるとき、熱海に観光で遊びに来たある女性が、観光協会にクレームを伝えて帰ったという話を耳にしたことがあります。

「何もないって、一日に三回も言われた」

その女性は熱海に来て、まずお土産物屋さんで聞いたそうです。

「どこかいいところはありませんか？」

すると、お土産物屋さんからこう言われました。

「何もないよ」

次に、タクシーでも同じことを聞いたら、

「さあ、何もないねえ」

ガッカリして、旅館に戻って聞いても、

「何もないんですよねえ」

しまいには、お客さんのほうが反論したそうです。

「そんなことないでしょう。熱海には起雲閣《きうんかく》もあるし、初島《はつしま》もあるそうじゃないですか」

すると、地元の人は首を振ってこう言ったらしい。

「いや、そんなところへ行ってもねえ……」

私はこの話を聞いて非常にショックを受けました。

「もし、自分が熱海に旅人として来て、地元の人たちから、何もないってことしか言われなかったら、二度と遊びに来ない」

そう思ったのです。

熱海の街は観光客を呼び込むことに必死でしたが、実際に街の中で起きていたことは逆効果になるようなことばかりでした。マイナスなイメージを持ってみんなガッカリして帰るくらいだったら、極端なことを言えば、観光客を呼ばないほうが街のためじゃないか、そんなことさえ思いました。

実際、地元の人は熱海にネガティブなイメージを持っているというのは、単なる印象だけではなく、数字にも現れている事実でした。

二〇一〇年に、当時、大阪市立大学大学院にいた大和里美《やまとさとみ》さん（現在は奈良県立大学准教授）がまとめたアンケート調査によると、熱海に住んでいる地元の人の実に四三％が、熱海にネガティブなイメージを持っているという結果が出ています。

これに対して、別荘を持っている人などが含まれる二地域居住者では、熱海にネガティブなイメージを持っている人は一八・八%、観光客など外から熱海に来る人の場合、熱海に対するネガティブなイメージを持っている人の割合は二六・三%と、地元の人に比べればかなり少ないという結果が出ているのです。

これでは、熱海が衰退するのは当然だと思いました。

**地元の人たちのネガティブな熱海のイメージが変わらないと、熱海の再生なんかあり得ない。**最初の課題はこれだと、私は気づいたのでした。

## 観光客も地元の人も街に満足していない現実

さらに、もう一つ問題だったのは、観光客の満足度の低さでした。

二〇〇〇年代のアンケート調査には、熱海を訪れた観光客の満足度はかなりひどいものでしたし、今となっては信じられないのですが、当時はネット上でも「熱海のサービスはひどい」という書き込みがあふれていたのです。

例えば、熱海ではタクシーの利用客がほかの土地よりも多いのですが、タクシーに対するクレームが非常に多かったものです。熱海には坂が多く、移動に際しては高齢のお客さんには、距離は短くともタクシーが必要になります。ところが、近距離のお客さんだとタクシーの運転手に露骨に嫌な顔をされるという苦情がしょっちゅうありました。中には、乗車拒否されるケースもあったようです。

当時の熱海のタクシーのサービスの悪さは私にも記憶があります。あの頃は、地元の人でも「タクシーには絶対に乗らない」という人が珍しくなかったものでした。ほかにも満足度の低い理由は様々あり、街の飲食店の接客態度が悪い、料金が不当に高いなどという声もありました。旅館やホテルの接客も、悪い評判であふれていました。

こうした、**観光客の満足度の低さも、熱海が衰退していった重大な原因の一つだったのです。**

地元の人の熱海に対するイメージがネガティブだという問題に気づいたときに、果たして自分自身はどうなんだろう、と自分に問いかけました。

（自分が、もし同じことを観光で来たお客さんに問われたら、「熱海のここがいいですよ」とか「これが面白いですよ」と言えただろうか）

気が付いたのは、「何もない」とはさすがに言わないだろうけれども、満足には答えられないかもしれないという事実でした。私自身も似たようなものだったのです。

既にお話したように、高校生の頃から私は熱海を再生したいと願っていました。そんな私でさえ、熱海の魅力を上手く伝えられなかったのです。

では、なぜそうなってしまうのか。答えは簡単でした。

「熱海のことを何も知らないし、知っていても、当たり前すぎて価値に気づかないから」

外から遊びに来た人に熱海の良さを教えたくても、私を含めた地元の人自身が熱海のことを何も知らないし良さに気づいていないのでは、伝えることができません。

「熱海の人が**地元にネガティブなイメージしか持っていないのは、地元のことを知らないからだ。**知らないし、楽しんでいないことが問題だったんだ」

私はまず、**地元の人が地元を知ることが大事だと気づきました。**

## 地元には人も資源もあふれるほどある

そこで始めたのが「あたみナビ」という取り組みでした。

自分たちも地域のことはわからない、だからまずは自分たちが地域の面白い人を取材したり、面白い活動をしている人や地域の課題を取材したりしていこうということです。それを発信するサイトもつくりました（現在はWEBサイトは閉じられ、今ある同名のサイトは全く別のものです）。

始めるきっかけは、良い出会いがあってこそでした。地元のWEB制作会社がポータルサイトや熱海に特化したSNSをやろうとし始めていましたが、システムはつくれるけれども、運用する人がいないという状況だったのです。WEBサイトを熱海のことを思って活動する人にツールとして使ってもらえたらと考え、この会社と、私の思惑が一致したことで、プロジェクトがスタートしました。

さて、「あたみナビ」で、私は熱海の観光情報を発信したかったのではなく、地元のユニークな活動を取り上げたかったのです。とにかく、地元の人も知らない熱海のことを広めたいという思いでした。

例えば、子育てするママたちのために何人かのママたちが立ち上がって、ママたちに役立つ地元情報を伝えるマップをつくっているという記事も載せました。私が取材に行くと、「こんなところに男の人が取材に来るなんて初めてです」と喜んでもらったのを覚えています。

また、ちょうど終わったばかりだった市議会議員選挙の当選者たちを全員、インタビューするという企画もやりました。

さらに、熱海のユニークさを掘り起こそうと、熱海が舞台になった小説やドラマをテーマにした街歩きをしたこともあります。

こうした活動は、その頃の熱海にはまだなかったものです。観光情報は発信されても、地元の活動をフォーカスすることは全くなく、地元の人たちは自分たちの街の情報を知る手段があまりなかったわけでした。

その中でも実際のプロジェクトにつながったのが、南熱海の多賀《たが》というエリアの農地のオーナーさん、山本進さんの取り組みを取材しに行ったことでした。熱海で小さな田んぼを再生し、地元の小学校五年生に毎年、田植えを体験させているという方がいるということを聞きつけ、取材に行きました。

実は、山本さんが再生する前は、熱海には田んぼが一つもなくなっていました。

山本さんの家は代々農家でしたが、山本さんは農業ではなく別の仕事をしてきました。あるときから、自然にも身体にもいい場所をつくろうと「妙樂湯」という日帰り温泉施設を経営しています。そして、代々引き継いできた土地に、自然に触れられ心身に力みなぎる場所をつくろうという思いもあり、田んぼの再生に取り組んだのです。

山本さんが山間地の荒れ地を開墾してつくったのは、本当に小さな棚田《たなだ》でした。

私は、熱海のどこにも一度はなくなってしまった水田風景を復活させ、子供にまで体験させているというのは、とても面白い、そんなことをやっている方に会ってみたいと思ったのです。

このように、「あたみナビ」によって私は地元のことを広く伝える活動を始めたのでした。

## 農地の再生――「チーム里庭」

四ヶ月ほどあたみナビをやっていたのですが、そろそろ実際の現場で街の課題解決になることをできないかと、考えるようになっていきます。

そんなおり、熱海のまちづくりに関心のある熱海内外の方々とバーベキューをしながら語らっていたところ、こんな話になりました。外から熱海に来た方々は、

「南熱海の多賀という場所は、都会の人からすると自然が豊かで魅力的ですよね」

すると、地元多賀出身の若者は驚いた顔で、

「え、何が魅力的なの？　自然があるくらいで何もないじゃないか」

と言います。そのとき、初めて気づいたのです。

（地元の人は、熱海の自然の良さを自覚していない）

私は大学へ進学して東京に出て以来、外から熱海を見る立場になりました。そのせいで、熱海の自然の豊かさやその魅力をいつも感じていたわけですが、地元にずっと暮らしていると、そうしたことに気づく機会はないわけです。

けれど、熱海には子供の頃からここで育ったという人だけでなく、大人になってよその土地から移住してきた人も多く、そうした人たちにはかえって熱海の自然の魅力はわかりやすいはずです。

あたみナビをやっていたことで、熱海とは元々あまりかかわりのなかったUターンやIターンの人たちとつながりができていました。その人たちに、南熱海の農地と触れ合う機会をつくってあげれば、きっと喜ばれるに違いないと思いました。

農地のオーナーである山本さんに話してみたところ、

「じゃあ、今度、稲刈りをやるんだけれど、その若者たちも連れておいでよ」

ということになったのです。そしてこの稲刈りの日に農家さん三人と私たち若者三人で話し合い、これがきっかけとなり、南熱海の荒れた農地、使われていない農地を再生する

団体を設立することになりました。

それが、「チーム里庭《さとにわ》」です。メンバーは私と私の幼馴染《おさななじみ》で熱海を離れている人、そして地元の企業に勤めている人の計三人、そして山本さんや仲間の農家さんたちでした。

最初の活動は、農業に関心のある人を集めるための体験イベントを開くことでした。農業体験と合わせてミカンの収穫体験をやろうとしたところ、

「それならうちの木を三本提供してやるよ」

と、メンバーの農家である小松伸一さんから協力をいただきました。

チーム里庭の活動は、このように始まったのでした。

## 熱海市の行政マンとの出会い

さらに、当時の市役所に「ニューライフ支援室」という部署があり、その室長だった石渡久照《いしわたひさあき》さんという方が、この活動に協力してくれることになりました。この部署は、元々は移住促進をしていましたが、明らかな問題点が幾つも浮かび上がっていたのです。

熱海への移住を呼びかけて、大勢が来てくれたのはいいけれど、実際に暮らしてみると移住者の満足度はいまいち低い。お宮《みや》の松や初島や十国峠《じっこくとうげ》などの観光地巡りをしていても、そればかりではすぐに飽きがくる。熱海での生活そのものが魅力的でないと、せっかくの移住者がいずれまた出て行ってしまう。

そんな状況でした。

そこで、ニューライフ支援室で開催していたのが、移住者や別荘所有者向けの「熱海博学講座」というシリーズの講座でした。街を歩いたり、体験したりと熱海を知るプログラムを開催していました。その一環として農業体験もやろうということで、協力していただくことになったのです。

このニューライフ支援室の取り組みには多くの移住者や別荘所有者が参加していました。石渡さんは、農業体験のイベントの集客をしてもらうには、まさにうってつけの人だったわけです。

こうした移住者や別荘所有者には農業をやることにも興味のある方々が多くいるだろうということでこの里庭の農業体験も体験の一つとして加えてもらえたのです。

石渡さんが移住者に呼びかけて集客をする。私たち「チーム里庭」は農業体験イベントの企画と運営をする。農家さんは場所や農業のノウハウを提供する。

各々が得意分野を活かしたこの分担で、イベント開催がスムーズに進むようになったのでした。

チーム里庭の農業体験イベントは、最初の年は二ヶ月に一度のペースで行いました。畑で実際に作物を育てていきました。

この活動をしている会員さんは今、二〇人を超えていて、今でも継続して活動を行っていて、市民農園や畑を共同でやるコミュニティへと発展しています。これは農業体験に参加していた人の中から、日常的に畑をやりたいという人たちが出てきて、自主的に始まったものです。

こうして、チーム里庭の活動により、熱海の自然を享受している人々が少しずつ増えています。地元の人にとっては、荒れていた農地を再生してもらえることになりますし、移住してきた人にとっては、単に風景がよく気候の良いところに住むというだけでなく、農業という魅力ある日常が加わります。

移住してきた方々の中には農業に興味があるものの、熱海には畑があるというイメージがなかったため、移住先を熱海にした時点で畑をやることを諦《あきら》めていた方々もいました。けれども、海や山という風景が見える気持ちのよいロケーションで畑ができると知り、とても驚き、喜んでくれたわけです。

また、**チーム里庭の活動は、熱海再生にとってもう一つ違う意味も持っていました。それは、この移住してきた方々や、別荘を所有して東京などと熱海の二地域居住をしている方々が、あまりにも熱海のことを知らないということをはっきりと知ることができたということです。**

「熱海には食べるところもない、お店もない」

里庭で始めた農業体験のイベントに参加していた方からこのような話を聞きました。

チーム里庭での農業体験　©atamista

このお店には行ったことありますか？と尋ねても、そんなお店があるのは知らなかった、そんなお店もあったんだ、という反応でした。

当時、聞いた話では、熱海暮らしをしたいと思って移住したり別荘を持った方々も二〜三年経つと、熱海暮らしがつまらなくなり、東京に戻るか別の地域に移ってしまうということでした。そのとき気づいたのです。

（こんなにもみんな熱海を知らないのか。そしてこの人たちはこの里庭の体験のように、きっとそれを知れば喜んでくれるし、とても満足してくれる。そして熱海の街のファンになってくれる。熱海の街もこの人たちのニーズに応えることで良い方向に変わっていくんじゃないか）

なぜなら、これまでの団体旅行で宴会に来るお客さんとは異なり、移住や別荘で熱海に来た方々は熱海の暮らしを楽しみたい人たちです。

しかも、この人たちは都会から移ってきて、都会とは違う、地方ならでは、熱海ならではの価値を求めている。この人たちのニーズに応えていき、商品やサービスを開発していくことこそがこれからの熱海の未来をつくることにつながるんじゃないかと思ったからです。

そして、この発見が私たちの次なる活動へとつながります。

## 地元を楽しむ体験交流ツアー「オンたま」

地元の人が地元を知らないし、楽しんでいない。

そこから、あたみナビ、続いてチーム里庭へと展開していったのですが、これがきっかけとなって、**地元の人が地元を楽しむツアー**をやろうということになりました。

それが、二〇〇九年から始まった熱海温泉玉手箱、通称「オンたま」です。

そもそも「オンたま」は、私が一新塾《いっしんじゅく》で熱海の再生についてプロジェクトを考えていたとき、ぜひやりたいと思っていたことでした。一新塾に講師で来られていた川北秀人《ひでと》さんが、「オンパク」というイベントを教えてくれたのです。私が熱海でやっていきたいとイメージしていたことをこんなにも形にしている人たちがいるんだ、と驚き、このオンパクをやりたいと思っていたのです。

オンパクとは、正式名称を「別府八湯温泉泊覧会」といい、別府温泉で行われていたイベントです。三週間から一ヶ月ほどの期間、別府八湯で百数十種類の体験ツアーをやるというもので、その中には街歩きや農業体験、温泉巡りなど様々な地域を楽しむツアーが含まれています。別府ではこのイベントを二〇〇〇年頃からやっていました。

私はそれに倣《なら》って、熱海でも、地元を楽しむ体験ツアーのイベントを行おうと考えたわけです。それがオンパクならぬ、「オンたま」というわけです。オンパクは当時、全国へと展開していこうという時期で、別府を含めた第一期にあたる八地域の中に「オンたま」も含まれています。現在では国内外で七〇以上の地域にまで拡大しています。

熱海に帰ってきた当初から、このオンパクを熱海でやりたいと思いながらも、実際には何から手をつけていったらいいのかわかりませんでした。しかし、あたみナビ、チーム里庭の活動をしてきて、その道筋が見えてきました。

「里庭の農業体験イベントでやったようなことを、熱海のあらゆる分野の人たちとやっていけばいいいんだ」

ということでした。また、あたみナビを通して、熱海にはこんなにも面白い人たちがたくさんいるのか、ということを身をもって知ってきましたし、この人たちのことを知ってほしい、この現場を訪れてほしい、この人たちのことを伝えたいと思うようになりました。

## 「こんな熱海知らなかった」――続々と生まれる熱海ファン

では、「オンたま」とはどんなイベントなのか、ご紹介していきましょう。

一言で表すと、

「地域の人がガイド役を務めるツアーを短期間に多数開催するイベント」です。観光を目的とするというより、熱海やその周辺地域の人たちに地元の魅力を伝え熱海のファンをつくり出そうということを目的としたものです。

二〇〇八年四月から勉強会を始めて、ほかの人たちにも参加を呼び掛けていたところ、熱海市と熱海市観光協会が反応を示してくれます。

もともと、市のほうでも観光基本計画をつくっている中で「オンパク」をやったらどうかという話が出ていました。それは熱海市と熱海市観光協会とで進めようとしていたプロジェクトでもありました。

ちょうどその頃、熱海の観光協会では異例の四一歳という若さで会長になった森田金清《かねきよ》さんの存在がありました。まだ一度しか会ったことがなかった森田さんに「オンパクをやりたいので、勉強会に来てください」とお声がけしたところ、すぐにオンパクを一緒にやろうということになったのでした。

最初の「オンたま」は、二〇〇九年一月から三月までの二ヶ月間、熱海市の梅まつりに

オンたまでのシーカヤック体験（2011年11月）　©atamista

合わせて開催しました。このときには、全部で二〇種類のプログラムを用意し、そのうちの半分ほどが街歩きのプログラムでした。

例えば、「路地裏昭和レトロ散歩」というツアーでは、まるで時が止まったかのような昭和の空気を色濃く残すレトロな街並みを歩きながらガイドし、路地裏に佇《たたず》む喫茶店などを紹介していきました。

南熱海でシーカヤックのツアーも行いました。熱海には目の前に海があるのに全く活用されていないので、海を楽しみ体験できるものをということで取り組んだものです。

また、チーム里庭による農業体験のイベントもやりました。熱海にはとても景色の良い畑があり、そこで畑作業を楽しむことができるということを知っていただくきっかけともなりました。

集客のために、ポスターやガイドブック、冊子をつくって、リゾートマンションなどに配布に行きました。マンションだけで全部で八〇〇〇部ほど配ったと思います。

熱海市や観光協会とやっていることもあり、どのマンションでも好意的で、管理人さんに「置くよ」と言ってもらうことが多かったのを覚えています。これらは、熱海市の小中学校にも配りました。

私たちは里庭の活動をした経験から、熱海に移住してきた方や別荘を持っている方々こそが、こうした体験を求めているのではと考えていたので、リゾートマンションを中心にガイドブックを配布しました。

結果的に、反応はかなり良く、地元の熱海新聞などのメディアにも好意的に取り上げられ、別荘の人や移住してきた人たちが多数参加してくれました。

以来、二〇一一年までは年に二回ほど実施していきました。その間に二二〇種類以上の企画を実施し、参加者は五〇〇〇人を超えるほどになりました。

## 熱海の暮らしが幸せになった

オンたまではどのようなことに取り組み、どのような変化が起きたのか、具体的な例をさらに紹介します。

街なかのレトロ散歩 ©HamatsuWaki

オンたまの人気プログラムの一つに、路地裏昭和レトロ散歩や、喫茶店めぐり、というような街なかを歩いて楽しみ、お店に立ち寄るプログラムがありました。

まるで昭和のまま時が止まってしまったような街並みが熱海の中心地にはあります。そして、熱海にはコンパクトな街に数十軒もの喫茶店が存在しています。

その中に、八〇代のマスターが経営する喫茶店「ボンネット」があるのですが、このマスターは一九五二年（昭和二七年）に喫茶店を始めて以来六十数年も店を続けています。半世紀前、あの三島由紀夫も常連で、「泳げない」という三島氏にマスターが泳ぎを教えたというエピソードもあります。

この喫茶店のほかにも、九〇代のお母さ

味わいのある喫茶店（「ボンネット」にて）　©atamista

んがやっているジャズ喫茶もあり、そうした喫茶店を訪ね歩くプログラムを開催しました。

熱海のお店は中が見えなくてわかりづらいなど、一見、入りにくい雰囲気のお店がたくさんあります。それをガイドしていくことで、お店のことを知り、入るきっかけをつくろうというものでした。ガイドの役割はお客さんとお店の人をつなぐこと。こうした街歩きに参加した方々にはここで紹介したお店のリピーターになった方々もたくさんいます。

こうした喫茶店には数十年の歴史があり、興味深いストーリーを幾つも生んできた趣のある空間になっているのですが、なかなか新しい人たちや観光客の方々には気づいてもらえず、また気づいた人がいても入りづらい場所になってしまっていました。

そうしたところを訪ね歩くことで、喫茶店のファンが増え、口コミで喫茶店や熱海の喫茶店文化が伝わっていきました。

あるとき、雑誌社から私たちのところに「熱海の喫茶店を特集したい」と連絡がありました。その女性向けの雑誌では、「熱海のレトロかわいい喫茶店」という特集で熱海の喫茶店を数ページにわたって特集してもらえたのです。

その頃から、喫茶店を取り上げたいという依頼をメディアの方からいただくことが増えてきました。

今では市のシティプロモーションでも、昭和レトロな熱海ということで路地裏や喫茶店なども取り上げられるようにもなりました。元々、観光資源だと思われていなかったものが観光資源になり、若いお客さんの姿も目立つようになりました。

オンたまの取り組みでは、こうした喫茶店めぐりのようなツアーに参加できる人数は限られています。一回のツアーでは一〇名が限度です。しかし、それを繰り返すことで口コミで広がり、そしてそうした取り組みがメディアに乗り、それを見て、人が訪れる。こうした一つ一つの取り組みにより、熱海のイメージも変化していきます。

私もそうでしたが、一度街歩きのガイドをすると、道端で道に迷っていそうな方を放っておけなくなり、積極的に話しかけるようになります。

「大丈夫ですか。どこかお探しですか」

そう言って声をかけて、ついでに、「食事だったらあの店が美味しいですよ、ここに行くと楽しいですよ」などと、余計なことまで教えるようになったりもします。

このように、オンたまに参加したお客さんだけでなく、ガイドの人たちにも良い影響が見られるようになったわけです。

私が会社を辞めて熱海に戻ったばかりの頃は、街に停滞の空気が漂っていました。地元の人が、「何もない」と思い込んでいた熱海が変わり始めたのです。

## 地元の人の意識が変わった

オンたまによって、地元の人々の熱海に対するイメージが激変します。

前述の大和里美さんのアンケート調査によると、熱海に住んでいる人の七〇％以上が、「熱海のイメージが良くなった」と答えています。「イメージが良くなった」、「熱海のイメージが明確になった」、「イメージが変わった」と非常に多くの人が答えていました。

この中には、熱海に移住して数年という人ばかりではなく、二〇年以上暮らしてきたという人も多数含まれています。「生まれ育った町なのによく知らなかった」、「こんな歴史があったとは知らなかった」、「こんな面白いところがあったのか」と、そういった感想ばかりでした。

**オンたまに参加した人の満足度の高さが熱海のイメージアップに連動している**と大和さんは分析しています。

また、静岡大学の研究室で、定期的に熱海の観光の調査をしているのですが、その結果にも変化が見られます。二〇〇〇年代には、熱海のおもてなしやホスピタリティの度合いは非常に低いという結果でした。ところが、二〇一四年に同様の調査を行ったとき、おもてなし、ホスピタリティの項目が劇的に改善していたのです。

数字でオンたまとの因果関係を示すことはできませんが、大学の先生から、

「これはオンたまの効果ですね」

と認めていただけたことが、とても嬉しかったものです。

さらに、地元で商売をしている人たちの意識も変化し、熱海のイメージを良くしたいという意欲につながっているようです。

観光プロモーションだけでなく、長期的な視点でのまちづくりの取り組みも、熱海市の観光戦略会議の場で議論されるようになりました。熱海市や観光業界の方々を巻き込んだ合意形成が図られています。

例えば、オンたまのような取り組みは、昔の熱海では考えられなかったことで、地元の行政や観光協会に受け入れてもらえなかったかもしれません。

しかし、実際のオンたまは、私たちと熱海市と観光協会が中心になりながら、旅館組合

や商工会議所も協力しての取り組みとなりました。熱海の観光に携わる様々なプレイヤーが、熱海全体が単に集客することでなく、観光客や地元の人たちの満足度を高める取り組みが重要と考えるようになってきた証《あかし》だと思います。

その結果、例えば、十数年前にはあれほど評判の悪かったタクシーが、今ではすっかり変わり、接客態度が良くなりました。

外から来た人から、ワンメーター分しか乗らなくてもとても愛想が良かった、あるいはタクシーの運転手さんが熱海の見どころなどをたくさん教えてくれた、などと言われることもあります。

また、旅館やホテルの接客も改善したようです。女将《おかみ》さんや仲居《なかい》さんが熱海のことをたくさん語ってくれ、とても楽しめたという声も聞いたことがあります。

これは、若い後継者たちが危機感を募らせて、従業員の意識改革に真剣に取り組んだ結果だと思います。

旅館で働く方々の中にも、オンたまに参加して熱海を知り楽しんでくれた人たちがいました。またオンたまの企画に一緒になって取り組んでくれた旅館さんも多かったです。

こうして、オンたまの影響もあり、**地元の人々の意識改革によって熱海のイメージは確実にアップしていった**のです。

## 面白いことが起きそうな街へ——役割を終えて次のステージへ

オンたまを三年間やった結果、閉塞感だらけで、何も起こりそうもない街だなという印象から「常に何か面白いことが起こりそうな街」に変化してきました。

オンたまでは、熱海のファンをつくり出すことの他に、もう一つ期待していた成果があります。それは熱海の街にチャレンジを生み出すことです。

地方の街でのチャレンジはときに大変なことが多くあります。小さな活動を始めても、イベント一つやるにしても企画から集客、運営など様々なことをやる必要があります。けれど、活動を始めたばかりの小さな団体ではできることは限られているので十分な集客ができずに、せっかくいいものであってもお客さんが来なくて、モチベーションも保てず、やめてしまうようなことも珍しくありません。

そこで、私たちはオンたまによって、街を活性化させる様々なチャレンジをする人々を支援しようと考えたのです。

二〇一一年に開催したオンたまでは、一ヶ月間に六〇の地域のお店や団体の方々と共に、七三種類の体験ツアーを企画しました。

そこでは一五〇を超えるお店や団体の協力も得て実施し、四〇を超える旅館やお店の方々からスポンサーになってもらいました。地域内外の一〇以上のメディアもこの取り組みを日々発信してくれました。こうして多くの方が持ち寄り、集まることによって一つの団体だけでは成し得ないことができるようになります。

オンたまでガイドや講師を務めてくれた方々には様々なチャレンジがありました。干物づくりの体験を商品化したい、熱海という恵まれた環境の中で、ヨガのインストラクターとしてやっていきたいなどというものです。

ここに一〇〇〇人以上の方が参加し、様々なチャレンジをしている団体のファンになってくれたのです。中にはその団体を手伝ったり、団体に入ったりするケースもありました。街のファンができ、ファンがサポーターになり、プレイヤーになる、そんないい循環が生まれたのです。

どこの地域でもあることですが、地域の中では、せっかくその中でがんばろうと思っても、周囲から心ないことを言われたり、目立てば根も葉もない噂を流されたり、批判されたりすることもあります。私自身もまちづくりの取り組みの中でそうしたことは経験してきました。

しかし、新しいチャレンジの芽をつむようなそんな声ばかりでは、地域に新しいプレイヤーは生まれてきませんし、地域に新しいプレイヤーが生まれなければ地域は変わりません。だからこそ、このオンたまは、チャレンジする人が孤立しない場所にしようとも思っていました。

チャレンジする人がお互いを支え合い、応援しあうコミュニティをつくる。そんなチャレンジをする人が次々と生まれ育つ苗床をつくりたい、それがオンたまのもう一つの狙いでした。

**誰かが何かにチャレンジしたいと思える場所。熱海が再生するには、まず、これが条件**だと思っていたからです。その条件が整えられたことこそ、オンたまの成果だったと思います。

二〇〇九年一月から始めた「オンたま」は、二〇一一年をピークにその後は縮小していき、終了しました。

私は二〇〇九年五月からは実行委員長を務めていたのですが、ほぼ年二回のペースで開催しているうち、「オンたま」の認知度が上がっていくのを肌で感じていました。

例えば、ツアーに参加するために、電話やネットで予約してもらう際に、オンたまファンクラブに会員登録をしてもらっていたのですが、最初の頃は会員数は二〇〇人くらいだったのが、次の開催では四〇〇人に増え、さらに次の回には八〇〇人に増えるという具合で、本当に倍々のペースで増えていったのです。

そして、人気のあるプログラムは初日で予約が埋まってしまうような状況になっていました。

地元の人が地元を知り、地元を楽しむ。

三年間の活動で、この目的は十分に達せられたと感じていました。

「オンたまの役割は終わったかな」

と考えたわけです。もちろんオンたまを楽しみにしてくれていた方々もいましたし、この取り組みを終わりにすることには悩みました。しかし、このオンたまの取り組みだけでは街は変わっていかない。次に取り組むべき街の本質的な課題はなんだろうかということを考えていました。

また、もう一つ大きな課題がありました。それは、オンたまの取り組みが全くお金にならないということです。

「オンたま」をこれ以上継続するのに無理がありました。一応、体験ツアーの売り上げの一〇%は実行委員会に入るようになっているほか広告収入もありましたが、これでは運営費用の一部が出るだけです。また、静岡県の観光の補助金も一部活用していました。しかし、補助金もいつまでも続くものではありません。

つまり、オンたまは資金面で言うと、持続可能な仕組みになっていなかったわけです。

このように、当初の目的は達成されたと考えたこと、資金面で持続可能な形ではなかったことから、「オンたま」を終了させる決意をしたのでした。

## 第3章で紹介した「成功要因」

- まちづくりは「街のファンをつくること」から始まる。
- 地元の人の満足度を上げることで、観光客の満足度を向上させる。
- まずすぐできること、やれることから始めると次の打ち手が見えてくる。
- チーム里庭により、アクションを起こすと顧客や仲間と出会えた。
- 地元の人が地元を楽しむツアー「オンたま」により熱海ファンが生まれた。
- 意識改革によって街のイメージは確実にアップした。
- オンたまに参加した人の満足度の高さが熱海のイメージアップに連動している。
- 街を再生するには「何かにチャレンジしたいと思える場所」になること。
- チャレンジを支える、ゆるやかなつながりをつくることで、チャレンジは連鎖する。

# 第4章

# 街を再生するリノベーションまちづくり

## 自転車の両輪

オンたまが成果を見せ始めていた二〇一〇年から、私は次の展開について悩んでいました。もちろんオンたまを続けることも一つの選択肢ではありました。しかし、先進地である別府のオンパクなどを見ていても、ソフトだけの取り組みでは弱く、街を継続的に変化しうる仕組みが必要だと感じていました。

（ビジネスの手法を使ったまちづくりを志してやってきたものの、どうやって稼ぐことと街を変えることを両立していくのか。どうやってまちづくりで稼いでいくのか。街が変わるためには持続可能な形での活動が必要になる）

このように考え、別府でオンパクを立ち上げ運営してきた野上泰生《やすお》さんにも相談したところ、

「オンパクは三～五年やるのがいい。そこで成果が出たら、次に行くべきだ」

という話になりました。

オンパクを紹介してくれた川北秀人《ひでと》さんは、こんなことを教えてくれたことがあります。

「ＮＰＯには収益の上がらない事業もある。自転車の前輪では地域の問題解決をして、後輪ではそうしたノウハウを活かして、別の形で稼ぎつつ進む。**問題解決と稼ぐことの両輪があって、初めてＮＰＯは成り立つ**」

この言葉に照らせば、オンたまは自転車の前輪でした。問題解決の役に立って、使命としては成功ですが、稼ぐという部分が欠けていて、活動を継続できません。

私がやりたい、「熱海の再生」という自転車は前に進めなくなります。

実は、オンたまを終了させる前年、私はNPO法人ETIC.という東京の団体のプログラムに参加していました。このETIC.は、ベンチャー企業や社会起業家のもとで半年間以上の長期実践型の大学生向けインターンシップを行い、現在までかなり有名な社会起業家も数多く育成してきたNPOです。

私は熱海の問題を解決しながら、同時にお金を稼ぐことで、その活動を持続できる形を探していて、ソーシャルベンチャー・スタートアップマーケットという創業支援プログラムに参加していました。

かつて、日本のNPOには、「自分たちはいいことをやっているのだから、ビジネスとして成り立っていなくてもいいじゃないか」という人も多かったと聞きます。

けれど、これでは活動が持続可能にならないと、日本のNPOも経験から学んでいくことで気づくようになったのかもしれません。少なくとも、私たちの世代のNPOでは稼ぐことの重要性を否定するような人はまずいません。

けれども、実際の問題としていかにして稼ぐかということは、非常に高いハードルとなっています。

二〇一〇年の段階で、私の前にもこの壁が立ちはだかりました。

## リノベーションまちづくりの生みの親、清水義次さんとの出会い

ソーシャルベンチャー・スタートアップマーケットに参加してからも、具体的な解決策を見いだせないでいた頃に偶然、出会ったのが、建築・都市・地域再生プロデューサーの清水義次《よしつぐ》さんでした。清水さんは熱海市の中心街を活性化する会議に専門家として招かれていたのですが、確かこのようにおっしゃったと記憶しています。

「**街に新しいプレイヤー、若いプレイヤーがどんどん入ってこなければならない。**街の中には商売を引退したいような人がたくさんいる。そういう人が退場して、若い人に道を譲れば、熱海の街はいくらでも再生する」

このとき、私は直感的に思ったのです。「あ、これだ」と。

その場には、古くから商店街でお店を構えている人もたくさんいたのですが、清水さんはあえて刺激的な言い方をしたのだと思います。

けれど、多分、やる気を喚起するためだろう挑発の言葉を聞いて、たちまち私の頭の中に具体的なイメージが湧いてきたのです。

(ああそうだ。今、商店街には空き店舗がいっぱいあるじゃないか。もう店をやめちゃいそうなところも、たくさんある。その場所に新しい人が入ってくればいいんだ。そうすれ

ば、稼ぎながら街を再生できるじゃないか）
ずっと真っ白な霧の中にいた自分に、本当に、一筋の光が射した思いでした。
私はすぐに清水さんの元を訪ねました。三時間ほどもお時間をとってくださって、色々とお話を伺い、帰ってきてから、興奮冷めやらぬままお礼のメールを書き、そこに、「弟子入りさせてください」とお願いを書きました。

## 現代版「家守」は「リノベーション」で街をつくる

清水さんは元々、マーケティング・コンサルタント会社で様々なビジネスの開発事業に携わってこられた人です。その後、一九九〇年代の初めに四〇代で独立して青山でワインバーを始めて大成功を収め、日本全国にワインバーのブームを起こしました。

清水さんが青山にワインバーを一軒始める。それが人気になると、青山の近辺には次々と似たようなお店が出来ていく。

この様子を見て、清水さんは「ああ、こういうことか」と気づいたそうです。

つまり、エリアに一つ、そのエリアを変えるような点を打つことで、その界隈が変わっていくということです。

清水さんは元々、まちづくりをやりたいと考えていました。自分の始めたワインバーによって街が変わっていくのを目の当たりにして、まちづくりとはこれだと思ったわけです。

清水さんはこの実体験をその後の仕事に活かしていきます。ビルのテナント開発やもっと大型の地域開発などに、**「エリアを変える点を打つ」**という体験を応用したそうです。それがまちづくりの手法となったのが、リノベーションまちづくりであり、「現代版家守《やもり》」という考え方です。

そもそも、家守というのは江戸時代にあった職能で、不在地主に代わって建物やエリアを管理する仕事です。

江戸時代後期、江戸の町人の人口は六〇万人で、街をおさめる役人は三〇〇人程度しかいなかったといいますから、町人約二〇〇〇人当たりに一人しか役人がいなかったことになります。ちなみに、熱海市は人口四万人程度に公務員の数は約五〇〇人ですから八〇人に一人の役人がいる計算で、江戸では現代の熱海の二五分の一しか役人がいなかったことになります。

この少ない役人の数で江戸の街を維持できていたのは、家守がいたからです。江戸の街には二万人の家守がいたようで、町人三〇人に対して一人の割合で家守がいたことになります。

例えば、落語に出てくる長屋の大家さんが、この家守にあたります。江戸時代の長屋の大家さんは持ち主の代わりに管理の仕事をしていて、長屋の人たちから家賃を集めるだけでなく、彼らの世話を焼いたり、揉め事の調停などもしていました。

このような、町の諸問題を解決したり、エリアのマネジメントをしていた存在が家守です。しかもこの家守は、幕府からのお金ではなく、自ら事業を行い収益を得て、民間で自立して稼いでいた人たちでした。

この**江戸時代の家守の職能を今の時代に復活させよう**というのが、現代版家守です。

**江戸時代とは違い、大きな地主がいなくなり土地が細分化され所有されている現代には、複数の土地所有者にまたがり、エリアを意識し、エリアマネジメントしていくことが必要となります。**

**街で使われていない遊休資産を使って、古いものを再生し、景観の特徴を活かし、使いにくさも特徴として価値を認めていく**こともする。そうして、古くて使えないと思われていた街の資産に新しい価値を生んでいく。こうした考え方です。

例えば、二〇〇〇年代前半に、東京の千代田区で、家守構想がありました。清水さんがこの構想を実際に千代田区で実践していました。オフィス需要の減退により膨大な空き店舗が生まれていた東京の神田、馬喰町《ばくろちょう》、日本橋界隈のエリアを再生したセントラルイーストトーキョー（CET）というアートイベントをきっかけに、アーティストやクリエイターを街に呼び込み、再生が起こりました。

清水さんは、この取り組みをビジネスの面からプロデュースしていました。また、自らリスクもとり、コワーキングスペースをつくることで、そのエリアにすごく面白い人たちを集める拠点をつくることでエリア再生を行ったのです。

## 熱海の中心街をリノベーションする

清水さんの言葉を聞いて、現代版家守として事業をやっていこうと、私は思いました。

これまでオンたまで、街歩きに参加した人たちは、街のストーリーを知り、街の面白さを確かに感じてくれました。でも、空き店舗や空きビルを目にすれば、「残念だね」とテンションも下がります。

また、街歩きに参加しない人たちは、空き店舗だらけな街を見れば、寂れた印象しか心に残らず、残念に思うだけですから、空き店舗があるだけで、街の雰囲気を沈滞化させてしまいます。

空き店舗を減らせないだろうかと考えているうちに気づいたことは、空き店舗は街の大事な資源でもあるということです。

確かに、土地を更地にして新しく建物を建てるには時間もお金もかかります。けれど、長らく空いているということは、これから何かを始めたい人が、すぐに、安く使える可能性があるということでもあるわけです。

街を再生するには、**空き店舗を単に潰して、新しいものをつくればいいという単純なものでは上手くいきません。**

潰すのではなく、今あるものを使い、そこに新しい価値を生み出し街を再生していけばいいのです。

オンたまのツアーを重ねて、街歩きガイドをさんざんやりました。そのたびに、「やっぱり、この街並みは良いな」と思いましたし、ツアーに参加してくれた人たちも街の良い部分をどんどん見つけてくれたものです。

熱海の外から移住してきた人や街歩きに参加した人たちの多くは、熱海の古い街並みを「レトロで良い」と言っていました。中にはそうした街並みを見て、こんなところに住んでみたい、ここにアトリエを持てたら、というアーティストや建築家やクリエイターが何人もいました。

そこで、こう直感したのです。

「こういう人たちが街を使ってくれればいいんだ。使われていない古い街並みを、ただ壊して新しいものをつくるのでは、街がこれまで積み重ねた街の文化や人々の暮らしを壊してしまうし、街の価値を下げるだけだ。今ある街なみを活かして、**新しいプレイヤーが新しい使い方をすることで、街を再生できる**」

彼らが新しいプレイヤーとなって、レトロな街並みに新しい価値を生み出してくれたら、熱海の街は再生することができると、私は思ったのです。

## まちづくりにビジネスで取り組む

実は、まだオンたまのイベントを活発にやっていた二〇一〇年に、atamista《アタミスタ》というNPO法人を設立していました。オンたまの活動をする中で、地域の中でも認知されてきて、対外的にも団体としての信用を考え、また、行政からも事業を委託できるようにするためにも法人化してほしいという話もあり、NPO法人化しました。

二〇一一年に清水さんのお誘いで、atamistaのメンバーたちと一緒にエリア・イノベーターズ養成・ブートキャンプという、現代版家守を育成するスクールに参加しました。なるべく早く現代版家守としてのまちづくり会社をどのように立ち上げ、どのように事業を行っていけばよいか知りたい私は、ブートキャンプを待ちきれずに、無理を言って数ヶ月前からの打ち合わせに参加させてもらいました。そこで出会ったのが、清水さんの弟子でもある岡崎正信《まさのぶ》さんや、まちづくりにビジネスで取り組んできた先駆者、木下斉《ひとし》さんでした。

岡崎さんは岩手県紫波町《しわちょう》で、一〇年も塩漬けになっていた一〇ヘクタールの公共の土地を開発し、ビジネスとして成功させた実績のある人です。

紫波町の「オガールプロジェクト」では公と民とが連携しており、民間の手法で公共施設を建設・運営しています。民がつくる公共施設には、民間企業のテナントが入って利益を出し、そうした収入を公共施設運営に当てているのです。これまで税金で賄《まかな》われていた公共施設を、稼ぐ公共施設としてつくりあげてきた人です。

この画期的なプロジェクトの成功で、岡崎さんと言えば公民連携の分野では真っ先に名前が挙がるという存在になっています。

そして、木下斉さんと言えば、既に何度かご紹介してきたように、地域再生のカリスマ的な存在です。

こうした人たちと出会ったことで、ビジネスの手法を使ったまちづくりについて大きく目を開かせてもらうことになります。

## 街への投資資金を生み出す

このときのブートキャンプで、私たちは二泊三日で事業計画をつくりましたが、その一つは、エリア一体型ファシリティ・マネジメント事業でした。

ビル管理には様々なメンテナンスコストがかかります。例えば、マンションなどのビルにはエレベーターがあり、その定期検査や修理などのメンテナンスを外部の会社に委託する契約を結んでいます。たいていの場合、エレベーターのメンテナンス契約はビルが建った当初のまま継続されていて、契約内容の見直しなどは行われていないケースがほとんどです。

かつてはエレベーターメーカーの系列のメンテナンス会社がほとんどでしたが、最近では、メーカーの系列ではない独立系のメンテナンス会社も増えていて、系列の会社よりも割安で契約できることもあります。

しかも、そうした独立系のメンテナンス会社と、一定の地域にあるビルのエレベーターに関するメンテナンスを一括して契約すると、さらに安く契約できる場合があるのです。

エリア一体型ファシリティ・マネジメントとは、同じ地域のビルのメンテナンスを一括して一つの業者に任せることで、メンテナンス経費を削減するものです。

最初、このやり方で八台のエレベーターのメンテナンスを一括して契約しました。これによって削減したコストから一定の割合が私たちの会社に入ってくるという仕組みでした。

一つのエレベーターのメンテナンスで、高いところでは月に五万円も支払っていたケースもあるのですが、それが三万円に下がったところもあります。一つ一つは小さい削減ですが、数がまとまると一定規模の収入になるわけです。

この事業は、短期的にも長期的にもビルオーナーさんにメリットを出しうるものと考えています。短期的にはメンテナンスコストが下がることで、月々の利益が生まれます。

また、長期的には、ここで生まれた収益をまちづくり会社が集約して、それをエリアの新たな店舗開発などに投資することで、そのエリアの価値向上につなげることができます。

エリアの価値向上とは、家賃が上昇するなど、不動産価値が向上することを意味しています。一件だけでは大した利益とならないコスト削減もエリアで集約することで、一定規模の投資額となり得ます。その役割をまちづくり会社が担っていくのです。

こうしたエリア一体型ファシリティ・マネジメントで、**月々の収入を確保し、街の店舗のリノベーションに活用することのできる投資資金を生み出していくのです。**

**まちづくり会社では、街全体を会社と見立て、街を再生していきます。そのときにまず初めに大事なことは、会社の再生と同じように、まずはコストカットから考えることです。街の外に流出してしまっている資金を止め、それを街への投資資金とすることが第一歩でした。**

## 株式会社machimori

二〇一一年一〇月、株式会社machimori《マチモリ》を設立しました。

この会社の目的は、熱海の中心街再生です。主な創設メンバーは私ともう一人、熱海で一五〇年続いている老舗の干物屋「釜鶴《かまつる》」の五代目である二見一輝瑠《ひかる》で、彼は私と同い年です。エリア一体型ファシリティ・マネジメント事業の契約に目処がついた段階で、株式会社を設立しました。

二〇一一年といえば、あの東日本大震災のあった年でもあります。これも、会社設立を決意した大きなきっかけでした。

震災直後、原発が急に停止して、東京電力の電力供給エリアでは計画停電が実施されました。熱海の街も例外ではなく、一定時間、真っ暗になり、日によっては暗闇の中で夜を過ごすことになったのです。

温泉街に灯《あか》りがないのでは、わざわざお金を払って泊まりに来るお客さんはいません。それどころか電気が停まっては旅館も運営がままなりません。その間、どこのホテルでも旅館でも、臨時休業の状態を余儀なくされました。

「これはまずい」

東日本大震災で被災した地域の復興のために、私たちも「チャリティオンたま」などを行いましたが、私の頭の中にあったのは、むしろ、もっと本質的なことをすべきではないかということでした。

もし自分たちの街で同じような大災害が起きたときに街は再生できるだろうか。街の経済は再生できるだろうかと考え、危機感を覚えたのです。

今後、同じようなことが起こっても街が滅んだりしないように備えなければならない。そのためにも、自分たちできちんと稼げる手段を持たないと……。

**税金に頼るのではなく、自分たちで稼ぐ手段を持たなくてはならない、そう改めて思いました。**

## 補助金には悪循環のリスクがある

街の活性化には、いろいろなやり方があると思います。NPO法人が向いている場合もあるでしょうし、普通のビジネスとして株式会社を設立するほうがいい場合もあるでしょう。寄付や補助金が重要な場合はNPOのほうがいいと思いますが、私がやろうとしているまちづくりにはビジネスの手法を使う方が向いていると考えていました。

あるいは、営利を求める民間企業が街を再生できるのか、むしろ営利を求めない行政の仕事ではないかと、疑問に思う人もいるかもしれません。

実際、私が仲間たちと熱海で街の再生のために活動を始めて、NPOでの活動に限界を感じ、株式会社をつくろうとしていたとき、

「NPOで築いた信用で金儲けをするのか」

と言う人もいました。そんなとき、私たちはこう答えたものです。

「はい、その通りです。きちんと稼いで利益を上げたいと思います。稼がなければ活動は継続できませんし、またさらに次々と街の再生の事業を発展させていくこともできません」

稼ぐことは悪いことではない。むしろ、稼がないと事業が継続できないというのが、私たちの考え方です。大事なことは稼いだお金を何に使うかです。

では、なぜ稼がなければ、街を活性化する活動が続けられないのでしょうか。

その答えは、**補助金に頼っていると、まちづくりは悪循環に陥る危険がある**からです。

補助金をもらって事業をする。補助金を使うと、行政が決めた制約の中でしか事業ができない。制約があると発想が縛られて面白みのない事業になりやすいし、上手くいかなかったときに、臨機応変に人、物、金を集めることができないので対応もしづらい。すると、ますます補助金頼みになって、事業の制約がもっと厳しくなっていく……。

こうして事業が行き詰まっていき、補助金が打ち切られると、潰れてしまうわけです。

「手元にある資源で事業に取り組み利益を出して、さらに次に投資し続けるというサイクルをつくるのが地域活性化の基本」（木下斉『地方創生大全』東洋経済新報社）

このようにご自身の著書で木下さんも述べているように、**民間企業が出した利益を使うことこそ、持続可能なまちづくりになる**と、私も思っています。

また何よりもビジネスはお客さんの方を向いてするものなのに、補助金を活用するとお客さんではなく、行政を向いた事業になってしまいます。それでは発展はありません。

補助金に頼るマイナス面を考えて、熱海のまちづくりでは自分たちの力で稼ぎ、自立した形で事業展開すべきだと考え、株式会社を設立したわけです。

補助金に頼らない、持続可能なまちづくりを目指す。

そのためには、ビジネスの手法を活用したまちづくりが最も有効だと考えたのでした。

## 街の要は不動産オーナー

私たちは「**まちづくりとは不動産オーナーこそがすべき仕事**」だと考えています。なぜなら街の価値を向上させて、一番メリットを受けるのが不動産オーナーだからです。

けれど、一般に不動産オーナーさんたちは、不動産を所有しているだけで、本来の意味での不動産オーナーとしての仕事をしていないという面がありました。無理もない話で、元々、不動産オーナー業をしようと思っていたわけではなく、ほかの商売が本業であって、その必要から土地やビルなどの不動産を持っただけという人がほとんどだったからです。

でも、街を良くしていくことは、不動産を持っている人がただ貸せばいいという意識では不可能です。

街というエリアを魅力的なものに変えるには、その地域全体の価値をどうやって上げるのかという発想が必要になってきます。自分の所有する不動産の付加価値を上げるには、エリアの価値を上昇させなければならないと考えるわけです。

そのためには、不動産オーナー同士の横の連携が不可欠です。

ところが、これまでは不動産オーナーの連携という意識はほとんどなく、「商店街の活性化」という形での商売上の連携しか存在していませんでした。

これでは街は変わらないのです。もっと、戦略的に不動産の付加価値を上昇させるための意識や、組織づくりが必要だと思います。

私たちが株式会社を立ち上げたのは、戦略的に地域の価値を高めるという目的のためでした。

これまで、不動産の付加価値を高めるという意識のなかった熱海で、不動産オーナーの人々に、**街を活性化して直接的に利益を受け取るのは、商店主としてというよりも不動産オーナー**としてなのだと、気づいてもらいたいという気持ちがあったのです。

ファシリティ・マネジメントは、不動産オーナーとして戦略的に考えるための最初のビジネスだったとも言えます。

## 街の変化の兆しを捉え、新しい使い手を呼び込む

リノベーションと言うと、ただ単に古い建物を再生して使うことだと思われがちです。確かに、古い建物の良さを引き出して使うケースは多いのですが、肝心なのは建物を再生することではありません。

むしろ、その建物の新しい使い方を生み出し、新しい使い手を呼び込むという点にこそ、重要なポイントがあります。

清水さんはよく、こう言います。

「徹底的に街を観察しなさい。今、街にどんな変化が起こっているのかに目を配ること、

街には常に変化が起きている。そうした**変化の兆しをつかみ取る**ことが大切」

変化の芽を見逃さないことは重要です。

例えば、広島県尾道市には、県営の倉庫を利用した「ONOMICHI《オノミチ》 U2《ユーツー》」というサイクリストのための複合施設があり、やはり成功しています。尾道には広島県と愛媛県とを結ぶ「しまなみ海道」が通っていて、このルートでは自転車の通行が可能です。そのため、世界中からサイクリストが集まるようになりました。

「しまなみ海道」を利用するサイクリストの増加という街の変化を捉え、サイクリストに向けて新たな価値を提供する施設をつくって成功したというわけです。

このように、変化の兆しを捉えることで、地域を変えるような事業を起こすことは可能なのです。

街の変化を観察することの大切さは、オンたまの経験で私たちにも肌身に染みていました。二〇〇九年から三年間、とにかく街を歩き回っていて、どんな人たちがどんなプログラムに参加したいのか、どういう人たちがどんなものを好むのかを、観察する毎日でした。考えてみれば、オンたまは膨大な数のテストマーケティングをしていたようなもので、本当に貴重な経験になっていたのです。

周りが真似をしたくなるようなこと、それを探すのがポイントだと思います。

かつて清水さん自身が、ワインバーの大ブームで街を変えたようにです。

街を変えるような新しい変化を起こせる、新しいプレイヤーがやってくる場所。私たちがやるべきなのは、そういう場所を用意することだと気づいたのでした。

**第4章で紹介した「成功要因」**

- ●問題解決と稼ぐことの両輪があってこそ民間によるまちづくりは成り立つ。
- ●江戸時代の家守の現代版として、エリアを変える点を打つ。
- ●再開発よりもスピードも速く費用対効果も高い、リノベーションまちづくり。
- ●新しいプレイヤーが新しい使い方をするエリアリノベーションで街を再生。
- ●街全体を会社と見立てて、まずはコストカットにより、街の投資原資を確保する。
- ●まちづくりの目的はエリア価値の向上。それはすなわち不動産価値の向上。
- ●街を活性化して最終的に利益を受け取るのは不動産オーナー。だからこそ、まちづくりとは不動産オーナーこそがすべき仕事。
- ●補助金には悪循環のリスクがある。
- ●変化の兆しをつかみ取り街に新しいコンテンツを生みだし、新しい使い手を呼び込む。

# 第5章

# 一つのプロジェクトで変化は起き始める

## 中心街・熱海銀座に「点を打つ」

熱海市の中心地は、熱海駅から熱海港までの区域にあり、中でも海沿いにある約三〇〇メートル四方のエリアは熱海の下町的な市街地になっています。

この小さなエリアに飲食店が四〇〇店舗もあるのですが、温泉観光地でありながら、こうしたコンパクトで密集した中心市街地を持っていることは他の観光地と比べても大きな強みであると考えました。

熱海銀座通りは、そうした中心エリアの入り口に位置しています。二〇〇メートルほどの小さな商店街ですが、多くのお店が古い歴史を持ち、江戸時代から続く老舗が何軒もあり、五代目、六代目の経営者という例も珍しくありません。

街路に向けてオープンなつくりをした店舗も多く、店主が店の前に立っていることも多いため、街の人同士やお客さんとの会話が通りを歩いている人にも聞こえてきます。熱海の街はどこもそうですが、地域のコミュニティが根強く残っています。

かつては、熱海の人たちにとって熱海銀座は憧れの場所であり、「いつかは銀座に店を出したい」、「いつかは銀座に住みたい」という場所だったと、年配の方から聞いたこともあります。

ところが、私たちがmachimori《マチモリ》を設立した頃、熱海銀座はすっかり寂れていて、空き店

熱海銀座

舗だらけのいわゆるシャッター街になっていました。二〇一一年には、三分の一に当たる一〇店舗が空き店舗になっていて、放っておくと空き店舗が増えていくことは必至でした。この寂しい風景のせいで、熱海のイメージがダウンしていると言ってもいい状態だったのです。

そこで、私たちは熱海銀座から始めようと考えました。

熱海銀座は街歩きツアーをする中でも特に面白い場所なのに空き店舗だらけになって、中心市街地の中でも家賃も低いエリアになってしまっていました。

しかし、多くの老舗には後継者がいて、これから二〇～三〇年先の熱海をともに考え、つくっていくことができると思いました。

私たちは、このエリアを変えるために最初に「点」を打つことにしました。それは、熱海銀座という中心街の空き店舗をリノベーションし、カフェを開くことだったのです。

## CAFE RoCA をオープン

二〇一一年のある日、私の相棒である二見が「いい物件がある」と見つけてきたのが、熱海銀座にある三年以上空き店舗だった場所でした。

先ほどもお話したように、当時の熱海銀座はシャッター街で、三分の一が空き店舗になっていたのですが、二見の見つけたのもその一つでした。

その物件は、協同組合あたみシールという地域のポイントカードを発行している組合が所有している三階建てビルの一階でした。最上階は組合の事務所で二階がレンタルスペース、そして一階が空いていました。

その場所には、かつては証券会社が入っていましたが、そこが撤退してからはずっと空いたままでした。面積はかなり広くて五〇坪もあります。

私はこの物件に出会ったとき、決意しました。

「この場所から始めよう」と。この物件から始めた理由は、実は不動産オーナーさんにあります。私たちの物件探しは、最初のプロジェクトにリスクを共にとってくださる不動産オーナーさんを探すことでもあったからです。

つまり、この場所でプロジェクトを始めたのは、当時協同組合あたみシールの理事長である藤中芳彦さんや副理事長の皆さんとの出会いがあってこそだったのです。

私たちが物件を探していて、この藤中さんと出会ってお話をしたとき藤中さんが言って下さった言葉は忘れられません。

「君たちが熱海のため、熱海銀座のためにこの物件を活用しようっていうんだったら、安く貸してやろう」

私たちがNPOとして活動してきた信用や、老舗「釜鶴《かまつる》」の若旦那である二見への信用ということもあったのかもしれません。

「商売にならないかもしれないけれど、人が出入りすれば賑《にぎ》やかしにはなるだろう」

そんな風に思って、貸してくれるということだったようです。

けれど、私たちにビルの一階を貸すことについて、当然のように組合員の中からは反対の声が出ていました。

ビルは組合の所有ですから、貸すにあたっては組合員の総会での承認が必要でした。反対の声もある中で、「こういう未来ある若者を応援しようじゃないか」と、理事長や副理事長が説得してくださったのでした。

こうしたオーナーさんの想いも受けて私たちは改めて気が引き締まる思いでした。

ところで、この物件もそうでしたが、一般的には空き店舗になっても家賃は高止まりしていることが多いものです。

需要と供給のバランスを考えれば、空き店舗だらけのエリアでは家賃が下がっていくのが普通ではないかと思いますが、不動産においては家賃は下がっていきません。

一般的に全国どこも空き店舗や空き家だらけですが、概して多くの不動産オーナーさんは困っていないという要因もあります。

熱海の中心街では、こんな事情もありました。

熱海の街には、かつての繁栄の名残で、旅館やホテルのお客さんが夜に遊びに来るための店がかなりあります。ところが、観光客が激減しましたから、スナックなど夜の営業を中心とした店はどこも不景気で、何年も家賃を滞納していることが珍しくありません。滞納していても、立ち退きにはなかなか応じてもらえないので、不動産オーナーさんは困っていたわけです。

もし、空き店舗になっているところの家賃を下げて、新しい借り手が入っても、商売が上手くいかなくて滞納するかもしれない。滞納しても立ち退かせるのに一苦労になる。

そう考えると、「安い家賃なら借りよう」という安易な発想の、面倒を起こしそうな相手には貸したくないわけです。

また、不動産屋さんにしてみると、ボロボロでろくに手も入っていない物件では高く貸せるわけもなく、手数料も大して取れませんから、熱心に良い借り手を探そうというモチベーションは持てないのが現実です。

こんな状況だったために、熱海の中心街は空き店舗だらけのまま、放置されていたのです。私たちがカフェの運営計画を立てて、かなり良い条件で貸してもらえたのは、きちんとした事業計画を立てていたことと、街を活性化するという志をきちんと示していたからです。

そうしたチャレンジを応援しようという不動産オーナーさんの期待も受けて、私たちもここでしっかりと成果をあげようと改めて気持ちが入りました。

## 「初期投資を三分の一にしなさい」

物件が良い条件で借りられることになってからも、まだ、カフェの開業にこぎつけるまでには様々な試行錯誤があり、貴重な経験を積ませてもらいました。

まず、大変に勉強になったのは、初期投資についてでした。もともと、カフェのオープンに必要な資金は一〇〇〇万円未満と考えていました。けれど、清水義次《よしつぐ》さんに相談すると、

「三分の一にしなさい。とにかく、**初期投資を下げる**ことはすごく大事だから」

とアドバイスを受けました。

徹底的に見直し、カットできるものはどんどんカットしました。

効果が特に大きかったのは、建築士さんが、予算内でなんとかする方策を一緒になって工夫して考えてくれたことです。

私たちのカフェの設計については、デザインも含めて、清水さんのブートキャンプで知り合った「らいおん建築事務所」の嶋田洋平さんにお願いしていました。嶋田さんは北九州でまちづくりを推進してきた方で、リノベーションまちづくりでは業界のリーダー的存在です。

その嶋田さんに設計をお願いすることになったのは、熱海に講演会に来てもらったのがきっかけでした。そのとき、熱海の街を面白がってくださって、私たちの計画にも協力をしてくれました。

また、**店の備品もかなりの物を無料で手に入れています**。例えば、観光協会の会長だった森田金清《かねきよ》さんから、「うちの空きビルの中にある物なら、何でも持っていっていいよ」と言ってもらいました。厨房機器や食器、テーブルやいすなどをもらいもので済ませました。

こうしたことに加え、**工事のときには「オンたま」に参加してくれた人たちが手伝いに来てくれて、自分たちでつくることもしました**。

嶋田さんも空きビルに一緒に行って、使えるものを調達したり、ＤＩＹのディレクションをしてくださったり、さらに**余計な設備を外したり、やらなくていい工事を省いたりな**

ど、色々と費用の節約について考えてくれたのです。

費用をこのような努力でカットしていった結果、最終的には三五〇万円に抑えることができたのです。

## 「最初は、自分の金で成功して見せなさい」

実は、削りに削った当初の資金である三五〇万円についても、簡単に調達できたわけではありませんでした。

初めは、融資ではなく出資を募り事業を始めようと思っていました。熱海の街にゆかりのある財界人は多いですし、街を再生するという気持ちの強い方とも何人かお話をさせていただいたことがあるからです。

「あの人たちに資金提供をお願いすればなんとかなるんじゃないか」

と思っていましたが、そうはいきませんでした。

まずお願いに行ったのは、大塚商会の（当時の）会長さんのところでした。会長は熱海でホテル経営もしており、熱海の梅園や、熱海の中心にある糸川沿いの熱海桜並木の再生など、熱海市に巨額な寄付をしていた方でもあります。以前から「熱海銀座を何とかしたい」とおっしゃっていました。

その会長ならば、熱海銀座を再生する事業に出資してくれるのではないかと思っていたのですが、全然相手にしてもらえなかったのです。

次には、有名なとんかつチェーン「まい泉」の創業者であり、当時熱海でとんかつ屋を営んでいた方のところへお願いに行きましたが、こちらも同じでした。

事業家の皆さんは、出資をお願いに行った私たちに、異口同音にこう言ったのです。

「まず、自分の金でやりなさい。成功してから、もう一度来るといい。そのときには、話を聞くから。最初から他人の金を使って事業をやると、色々と口出しをされるし、自分の本当にやりたいように事業ができない。だから**最初の事業では、まず資金も自分で何とかしなさい**」

その言葉を聞いて、自分自身に甘えがあったことに気づき、とても有り難いと感じました。

結局、親や親戚から借りたり、銀行からの借り入れにより資金を集めました。後の事業の立ち上げにおいても借り入れはしましたが、お金を借りるという経験は初めてのことだったので、このときの借り入れが一番重みを持ったものでした。

## 家でも職場でもない〝第三の居場所〟をつくる

カフェとしてのコンセプトとして、最初に考えていたのは、熱海の街なかに、「家でも職場でもない第三の居場所をつくる」というものでした。人が日常的に訪れてコミュニティの場になるというイメージです。

〝第三の居場所〟＝サードプレイスについては、『サードプレイス――コミュニティの核になる「とびきり居心地よい場所」』（レイ・オルデンバーグ著、忠平美幸訳、みすず書房）という本にもあるように、こうした場があってこそ、新たなコミュニティが生まれてくるのです。そのことは、自分自身の経験からも、大切なことだと実感していました。

かつて就職したての頃の私は、家と会社の往復であることに、疲れていました。そこで偶然出会った、自宅の近所のダイニングバーに救われました。当時、そこに行くと本当に多様な気持ちのよい人たちが集まっていて、仕事だけでは出会えない人たちに出会うことができました。それだけでとても日常が豊かになったし、またあの場所がなければ、もしかしたら自分の熱海への想いなども忘れていたかもしれません。

（そんな場を、この熱海でもつくれたら）

そんな思いでした。

さて、カフェをつくるにあたり、具体的には三つの目的を考えていました。

まず一つ目は、「オンたま」の拠点としてのカフェです。「オンたま」によって地元の人たちに地元の良さが広まっていました。

私たちのカフェが、そのための拠点になりたいと考えていました。熱海のことをあまり知らずにふらっとカフェに入ってくる地元内外の人が、この場所で熱海のことを知り、熱海のファンになっていく、そんなきっかけを提供できればという狙いです。

街歩きをしたり、オンたまでホスト役となって様々なツアーや講座を開催してきた方々が、この街なかの拠点でイベント開催することにより、この場からオンたま同様に、ホストの方々を中心にしたコミュニティが生まれていけばと考えたのです。

二つ目の目的は、リノベーションまちづくりの拠点となることです。クリエイティブな三〇代の第三の居場所となることでした。私たちのカフェが、これからの熱海をつくっていく面白い人たちの集まる場にすることを目指したのです。

私たちにとってはカフェを立ち上げることはゴールではなく、スタートです。

熱海銀座を含めた中心街に目立つ空き店舗を、新しい使い方で活用してくれる人がいれば、街は変わっていきます。いくら空き店舗を見た目だけ再生してもダメで、その空き店舗を活用する人たちこそがいなくては、街は再生しません。

だからこそ、**個性あり意欲にあふれた熱海の面白い人々にとっての第三の居場所になること、それが私たちが目指したものでした。**

**面白い人たちが街に分散して、それぞれがやっていてもなかなか大きなムーブメントにはなりません。こうした人々がゆるやかなつながりを持つことで街は大きく動いていくものではないかと思っています。**

三つ目の目的は、街と里をつなぐ、というものです。

これまで私たちは里庭《さとにわ》の活動を行ってきました。また伊豆半島のいい生産者さんとの出会いもありました。熱海の街の魅力は街なかだけではありません。そうした熱海や伊豆半島の自然や食材があってこその熱海の街なかであるとも思っていました。

だからこそ、熱海を含めた伊豆半島の**地場の食材を活かした飲食**を、カフェで提供していくことを目指したいと思っていました。

伊豆半島やその周辺で海産物を扱ったり農業を営んだりしている人たちから食材を購入し、それを料理にして提供すれば、そうした食材の魅力を広く伝えることになります。伊豆半島の一次産業の生産者と熱海の住民や熱海の料理人や飲食店オーナーとのつながりもつくれたらとも考えていました。

熱海に暮らす人たちやそうした飲食店、そして生産者が顔の見える関係となること、そのつながりをつくることを目指していました。

地元の人たちが気軽に集まり、飲食しながらお互いの情報を自然に共有していく。そこへ、新しい人たちも集まって、この街を自分の暮らしや仕事をつくっていくきっかけの場だと感じて、街の担い手になってくれる。熱海のファンになり、ファンがサポーターになり、プレイヤーになる……。

オンたまでも目指していたこのことをカフェという場で日々実現していけたら。そんな想いでした。

## 困難だらけの二年間

二〇一二年七月七日、CAFE RoCA《カフェロカ》はオープンしました。

カフェの名前にあるＲｏＣＡとは、「リノベーション・オブ・セントラル・アタミ」、つまり熱海の中心エリアを再生しようという意味です。熱海の街をリノベーションする、その始まりの場所にしたいという意味を込めていました。

初日は今までに感じたことのないような緊張感、高揚感を抱えてのオープンでした。たくさんの方々がオープンを喜び、来店してくれました。七月から八月のオープン当初は、接客業が苦手な私自身も常に店に立っていました。夏は熱海の観光のハイシーズンでもあり、たくさんのお客さんが訪れてくれました。

でも、オープン期を過ぎると、客足は落ち着き、売り上げが低迷します。カフェの立ち上げ時に掲げた三つの目的を実現していくのはとても困難なことでした。

最初に熱海銀座でカフェをやりたいと考え始めた頃、私たちの活動を応援してくれていた熱海銀座の方にこんなことを言われたのを思い出しました。

「こんなところで店をやっても儲からないから、やめとけ」

これは私たちへの反感というのではなく、親切心から出た忠告だったのだと、痛感していました。

CAFE RoCA ©machimori

事実、カフェをオープンしたものの、最初のうちは赤字続きでした。二〇一二年当時の熱海銀座にはほとんど人通りはなく、お店のお客さんもほとんどいませんでした。

もちろん、それは初めからわかっていたことでした。そうした状況を変えるために、カフェをつくったのです。

それでも、なかなかお客さんが来てくれない閑散期はとても辛い思いをしました。

もちろん、赤字のままでいいわけはありません。ただ待っていてもお客さんは来ませんから、少しでもお客さんが来るように工夫を重ねました。

最初の一年は、何度も繰り返してイベントを打ち続け、面白い可能性を持っている意欲のある人や面白い活動を既にやっている人などを呼び込んできました。

ちょうど、かつて「オンたま」でやっていたようなことをカフェで行ったわけです。一年で行ったイベントは一〇〇を超えたと思います。

一年目から二年目にかけて、本当に苦しい日々が続きました。カフェをオープンして、三ヶ月経った頃、立ち上げから店長をやっていたスタッフが突如、来なくなりました。メールでもらったのはこんな一言でした。

「今日から行きません」

このカフェの現場を立ち上げから支えてくれていたのは、その店長と、私の妻でした。しかし、妻はちょうど一人目の子供を出産するために早めの産休に入っていたときでした。その一報を知った妻が何も言わずに、すぐに身支度をして、カフェに向かってくれたことには本当に救われました。

しかし、その後、妻は改めて産休に入りました。バイトを採用するも入っては辞め、という繰り返しでした。

職場の雰囲気は悪くなる。するとサービスが低下し、お客さんが離れていく。当然、店の売り上げはどんどん下がっていくという悪循環に陥っていたのです。

「どうしたらいいかわからない」

と途方にくれていた頃、妻が出産し、第一子が生まれます。それはとても大きな喜びでしたが、私自身の内心は、このカフェを続けることができるのか、潰れてしまうのでは、という不安にさいなまれて、毎日が苦しい日々でした。

酒に逃げることもあり、めちゃくちゃな生活にもなっていた時期もありました。本当に家族にも申し訳ないことをしたなと、今思います。

なんとか凌ぎつつもそんな状況が一年以上続いたある日、決意しました。

「半年で立て直そう」と。

三ヶ月連続で黒字になるまでは酒も飲まない。半年で黒字化させる。そう決意し、新たに店長としたスタッフと共に店の再生に着手しました。

それまでザルだった収支の数字を月次でしっかり把握するようにし、そして一つ一つコツコツと再生をしていきました。その後、妻も本格的に復帰するようになりました。

その結果、だんだんとお客さんが戻ってくるようになりました。お客さんがリピートしてくれるようになり、売り上げがだんだん上がっていきすごく嬉しかったものです。

半年後、無事三ヶ月連続での黒字化を達成することができました。

そうした取り組みや、初年度から取り組んできたイベントを続けるうち、だんだんと人が集まってくるようになります。

ちょうど熱海では面白い活動をする若者も出てきた頃でした。熱海で生まれ育ち、ロンドンに数年滞在してから帰ってきた原香苗さんは、この頃からＡＴＡＭＩ　Ｔシャツのシリーズをつくり始めます。この場に来る人たちがそうしたTシャツを着ながら、その原香苗さんのＤＪやＶＪによる音楽イベントなどで楽しんだり、といったことも起こってきました。

いろんな人がイベントを開くようになり、若い人だけでなく年配の人まで集まってきたのです。

すると少しずつ街の雰囲気が変わってきます。

「熱海銀座で何か面白いことが起こり始めている」

そんな声も聞こえるようになりました。

また二軒隣りの薬局も店頭を一部改装して、センスのいい雑貨などを販売したりという動きも出てきました。「市来さんたちの真似してやってみた」と言ってくださったことはとても嬉しかったです。

また商店街にも、ちょうどその頃、私たちのカフェのほかにもう一軒、お店を出す人も現れていました。老舗のお店がリニューアルし数年ぶりにオープンしたのです。

これまで沈んでいくしかなかった商店街に明らかに変化が生まれてきました。

**面白いと思えるお店が一軒あると、次がまたできる。**その次もできる。そうやって、街が変わっていく。

まだ小さな形でですが、かつて清水さんが、ワインバーで青山の街を変えたのと同じ現象が起こりつつあったのです。

## CAFE RoCAの成功と失敗

熱海銀座は二〇一二年頃まで空き店舗だらけでしたが、今ではすっかり変わりました。空き店舗に新しいテナントが入って次々とオープンし、人通りが多くなり、商店街の店主さんたちも積極的に活動して、大手飲料メーカーであるサントリーも協賛広告を出すというようなことも起こりました。

かつての沈滞した空気はすっかり変わり、この場所はまさに「セントラル・アタミ」にふさわしい雰囲気を少しずつ取り戻しつつあります。

二〇一七年、CAFE RoCAは閉店し、新しい形で再スタートしました。そもそも空き店舗が目立つ中心街をリノベーションするための拠点とするのが目的でした。熱海銀座にあるほかの空き店舗には、既に新たに商売を始めるチャレンジをする人たちが集まりつつあり、そのきっかけをつくることはできたと思いました。

エリアを変える最初の点を打つ。目的としていたこの役割を果たせたと考えたわけです。

一方で当初掲げた目的のうち、「オンたまの拠点となる」、「リノベーションまちづくりの拠点となる」という二つの役割は、これからお話する次の事業によって実現していくことになります。

また、残念ながら三つ目の目的である、「街と里をつなぐ」ことは十分に達成することができませんでした。

前項でも述べたように、営業的には厳しく、通年で見れば赤字でした。飲食店経営という点では失敗であったと認めざるを得ません。

私たちは五年という物件の契約期間でもあるタイミングで、店を閉じる決断をしました。もちろん迷いに迷いました。やはりCAFE RoCAは始まりの場所であり、思い入れもありますし、閉じるのはもったいないという声もありました。

しかし、赤字のまま経営を続けるべきではないと、判断したのです。

## 志と算盤

閉店に際して、私は自分の気持ちや考えをfacebookに投稿しました。少し長いですが、引用します。

「このCAFE RoCAは熱海のリノベーションまちづくりの出発点であり、ここまでのリノベーションまちづくりの動きをつくるのに、このエリアでの活動をしていくのに、いつも重要な場所だったと思っています。本当に多くの方々がここで出会い、ここを使い、そして、ここから新しい動きも生まれてきました。

私たちmachimoriもその後様々な事業を立ち上げ運営してきました。誰もこの熱海銀座通りで店を始めようとする人がいなかったこの場所で、まず自分たちが店をやろうということから始まったCAFE RoCAの役割はとても大きなものだったと思います。ここがなければその後の様々な動きも起こってこなかった。

でも、五年が経って、一つの役割を終えたということを感じています。いま熱海銀座でこそ、店を出したいと言ってくださる人たちが出てきました。自分たちの役割を変えるべきだなと感じています。これからは単純に場所を変えるということではなく、また異なるチャレンジをしていきたいと考えています。

そして、ここからはぶっちゃけ話です。

CAFE RoCAでは本当に多くのことを学んだ。それは経営の大変さ。スタッフはみんな本当に頑張ってきてくれた。そして、多くのファンや地域の方々が支えてくれた。

でも、実はCAFE RoCAは成功事例でもなんでもないです。失敗事例です。これを認めることはすんなりとは受け入れられなかったけど、そして、関わる人たち、スタッフたちのことを思うと本当はこんなこと書きたくない。でも、失敗は失敗。そこを見つめないと次にいけない。何が失敗だったかというと、CAFE RoCAは利益を出せなかった。黒字にできなかった。

いくらいい場所をつくっても、赤字事業ではダメ。

とてもいい経験をしたし、このことはこれからに活かしていきたい。

失敗して、やめる。

でも、そこから次を考える。

これからもたくさんの失敗と、そして成功を繰り返していきたいと思う。

machimoriはまだまだチャレンジをしていきます。みんな、失敗してもいい、チャレンジをしていこう」

この投稿には六〇〇名以上の方から「いいね」がつき、四〇件以上のコメントをもらいました。ちょうど当時NHKの「サキどり」という番組でも一ヶ月くらい密着で取材していただき、番組でも自分たちの失敗を明かしたのですが、こちらも大きな反響をいただきました。

失敗をオープンにして、これだけのよい反響があるとは予想していませんでした。

ここで述べたとおり、街の状況も変わってきていました。CAFE RoCAを立ち上げた頃、誰もこの通りでお店を始めたい人はいませんでした。でも五年近くやってきて、この熱海銀座でお店を出したいという人が段々と現れてきていました。

二〇一七年の八月には、閉店したカフェの代わりに、シェア店舗「RoCA」という名前で、三つの独立した飲食の店舗が入居できる形にし、二店舗がまずオープンしました。一つはジェラート屋さん、もう一つはイタリアンバールです。

もともと私たちは、このように熱海の中心エリアに出店したい人を集めて、そうした人たちと物件とをマッチングし、熱海での出店をサポートすることができるようになりたいと思っていました。ようやくそうした機が熟してきたのだとも感じています。

このビジネスの手法を活用したまちづくりにおいては、清水さんがおっしゃるように「志と算盤《そろばん》」の両方を持つことが重要です。

空き店舗をオーナーさんから借りて、意欲のある人に貸し出す、サブリース業（転貸業）としました。そのために必要なリノベーションをすることが私たちの主な仕事であり、新しいお店から入る家賃が会社の収益になります。その収益を使って、また、新たなリノベーションの資金にするというわけです。こうした転貸デベロッパーとしての役割が、現代版家守《やもり》の一つのあり方です。

また、いずれ機を見て、飲食店の再チャレンジをするという想いも胸に秘めつつも、CAFE RoCAは役割を終え、発展的に解消したのでした。

### 第5章で紹介した「成功要因」

●志ある不動産オーナーとの出会い。
●街なかに面白い人たちが集まる拠点をつくる。
●事業を成功させるためには、初期投資を適切にできるだけ下げる。
●成功のためには使えるネットワークは徹底活用する。
●商売は顧客と向き合い、数字と向き合い、スタッフと向き合い経営する。
●面白いと思えるお店が一軒あると街に変化が生まれる。
●利益の出ない事業は失敗と認めて潔くやめる。

# 第6章

# 街のファンはビジネスからも生まれる

## ゲストハウス「MARUYA」

これまでの里庭《さとにわ》、オンたま、CAFE RoCA《カフェロカ》、後述する海辺のあたみマルシェの取り組みを通して一貫してやってきたことは、熱海の外から人を呼び込むことではありませんでした。まずは、既に熱海に住んでいる人たちが地元のファンになり、地元活性化の熱を上げていこうというものでした。

こうした取り組みの成果で、「熱海って面白いね」という声が、街の内外から聞こえてくるようになりました。

熱海の街なかに人を呼び込む機が熟してきたと、私たちは感じたのです。

そこでCAFE RoCAの次に私たちが手掛けたリノベーションプロジェクトが、ゲストハウスでした。

私自身が海外の旅をしていて感じたのは、良い街、印象に残った街には、良いゲストハウスがあるということです。ところが、熱海には良い温泉旅館はたくさんあるけれども、私自身が泊まりたくなるようなゲストハウスはありませんでした。

熱海のリノベーションまちづくりにも深く関わっていただいている、ブルースタジオの大島芳彦さんは、いつもこのように言います。

「あなたでなければ、ここでなければ、いまでなければ、という事業を生み出そう」

面白い街のちょうど入り口に位置する熱海銀座という場所だからこそ、そして、地元熱海を面白がる人たちが増えてきた今だからこそ、やれること、やるべきこと、それがゲストハウスだと考えたのです。

さらに、私たちと、小倉一朗さんという不動産オーナーとの深いつながりがあったからこそ、スタートしたプロジェクトでもありました。

私たちがゲストハウスにしようと考えた場所は、ちょうどCAFE RoCAの向かいにあたり、かつてパチンコ屋さんが入っていて、そこが撤退して以来一〇年間も空き店舗になっていました。

面積が一〇〇坪もあり、パチンコ屋さんが出ていった際、かなり強引に撤去作業が行われたようで、床も平らではなくデコボコの状態でした。空調も使える状態ではなく、そのままでは借り手がつきませんでした。

単に貸せる状態にするだけで、一〇〇〇万円は超える投資となるでしょうが、テナントが決まらない状態でその投資ができるとは思えませんでした。そのような状態でずっと放置されてきた物件で、オーナーさんだけではどうしようもない状態だったのです。

物件のオーナーである小倉一朗さんは、私たちのNPO法人atamista《アタミスタ》の理事であり、これまでずっとまちづくりの活動を一緒にやって来た方です。小倉さんの年齢は私より一〇歳上です。小倉さんとの出会いは、私が熱海に帰ってくる前年の二〇〇六年でした。ある方を介して紹介されてから、熱海の現状についてのヒアリングをさせてもらったのが最初です。それ以来、熱海の街のことはすべて小倉さんに教わったと言っても過言ではないほどです。小倉さんがいなければオンたまはできませんでした。

だからこそ、私たちは小倉さんの物件を何とか活かしたいと考えたのです。

もし、単にゲストハウスをやろうということから出発したプロジェクトだったのなら、きっともっとゲストハウスに適した物件を探したと思います。

しかし、このプロジェクトは小倉さんの物件であり、一階が一〇年間空いていた丸屋ビルを再生しようというところから始まりました。そこで何をやるべきか、その答えがゲストハウスだったのです。

そもそも、ゲストハウスのプランが生まれたきっかけは、二〇一三年一一月に熱海で開催された第一回リノベーションスクール@熱海でした。

実際に熱海に存在する空き店舗などの物件を題材にして、二泊三日で事業計画を立て、物件のオーナーさんに提案し、オーナーさんのＯＫが出れば、最終的には事業化しようというものでした。

このスクールでゲストハウスのプランが出てきたのです。これを考えたチームメンバーは、ユニットマスターと言われる講師役でありCAFE RoCAをデザインしてくれた嶋田洋平さん、サブユニットマスターは私でした。

通常は物件のオーナーさんに提案するのですが、異例の形でオーナーである小倉さんもプロジェクトのメンバーに加わりました。他のメンバーには熱海市役所の方や、その後これをきっかけに株式会社machimori《マチモリ》の取締役となる、現代美術作家の戸井田雄さんや、同じく取締役となった不動産管理が専門の三好明さん、そして大磯のまちづくりで有名な原大祐さんなどが参加していました。

結果的にこのメンバーの多くの人がゲストハウス立ち上げにおいて株式会社machimoriが増資をした際に、出資をしてくれたのです。

リノベーションスクールから二年、様々な困難を乗り越えて、ゲストハウスはオープンしました。名前は、オーナーさんの屋号である丸屋喜助商店、そしてビル名である丸屋ビルから名前をいただき、guest house《ゲストハウス》 MARUYA《マルヤ》としました。

## 泊まると熱海がくせになる

ゲストハウスは交流型の素泊まりの宿です。このguest house MARUYAの形態は次のようになっています。

まず部屋は、カプセルタイプのような形で、コンパクトに並んでいて全部で二一室あり、三〇人が泊まれる宿泊スペースがあります。そのほかに、宿泊者などのための共有スペースとして、皆が座って話したりお茶を飲んだりできるラウンジスペースがあります。

guest house MARUYA

さらに、私たちは、この**ゲストハウスのお客さんに熱海の街を楽しんでもらうための様々な仕掛けを用意**しています。

例えば、熱海と言えば温泉ですが、このゲストハウスには温泉はありませんから、外の入浴施設へ行って温泉に入ってもらいます。

近くには日帰り温泉施設である日航亭大《おお》湯《ゆ》さんや福島屋さんがあります。大湯は、熱海のルーツともなるような温泉で一三〇〇年前から湧いていると言われ、徳川家康も入ったそうです。そして福島屋さんも歴史ある温泉宿です。泊まりに来たゲストは好みに応じてこのどちらかに入りに行きます。

また、朝食については、ご飯とみそ汁はこちらが用意しますが、目の前の干物屋さ

guest house MARUYA の内部

んで自分の気に入った干物を買ってきて、そしてテラスにあるグリルで焼いて食べるというスタイルです。目の前には三軒の老舗干物屋さんが並ぶ熱海銀座だからこそできることです。

このように、このゲストハウスに宿泊すると、自然に熱海の街へと出かけ、街との接点ができるようにしています。

これまでの熱海に来たお客さんは、温泉旅館や観光ホテルに宿泊し、食事も旅館の中だけで済ませてしまうケースがほとんどでした。

これでは熱海の街なかへ出かけないと味わえない楽しみとは無縁になります。旅館のスタイルを求めるお客さんは多いですし、これからもそれは変わらないかもしれません。でも、それだけしか宿泊の選択肢

guest house MARUYAの前にある「釜鶴ひもの店」

がないのはもったいないことです。

MARUYAは一泊一人四〇〇〇円程度の値段で泊まれます。あまり費用をかけなくても長期滞在が可能です。そして泊まることにお金はかけなくても、熱海の街なかで飲み歩くなど、飲食にお金をたくさんかけることで街を楽しむことができます。

実際、MARUYAに宿泊して、熱海の飲み屋さんを何軒もはしごする方も多いのです。熱海は元々地元の方々には、飲み屋さんをはしごして歩く文化があるのですが、それをゲストにも体験してもらうわけです。中には、お気に入りのお店ができて、そこに飲みに来るために熱海のリピーターになる人もいます。

こうして、宿のファンよりも街のファンをつくっていくことが、MARUYAの役割になります。
「泊まると熱海がくせになる」
そんな宿であることが、ＭＡＲＵＹＡの存在意義だと思っています。

## ゲストハウス立ち上げの困難

ゲストハウス立ち上げには様々な困難がありました。リノベーションスクールでアイデアが生まれてから二年弱の歳月がかかりました。

まず、最初の半年はCAFE RoCAの経営の立て直しにあてました。次のプロジェクトとしてゲストハウスをやろうとなったものの、会社として赤字状態では次のプロジェクトどころではなく、まずは経営を立て直し、次のプロジェクトに向かえる準備に費やしたのです。

次の半年は、本当にこの物件でゲストハウスの営業が可能なのか、という建築上の調査や許認可権のある行政との調整に費やしました。リノベーションスクールでも講師を務め、またCAFE RoCAの設計も担ってくれた、嶋田さんのらいおん建築事務所にそれをお願いしました。

法律上、建物は勝手に用途を変えることはできません。元々、店舗だった物件を宿泊施設に変更するには、用途変更の申請が必要になります。築六〇年以上も経つビルを変えるのはハードルが高いのです。

当時の建築基準法に合致していたことを証明するためにも、建設当時の確認申請の書類が必要なのですが、古い建物でオーナーさんがそれを保持しているケースはほぼありません。行政の側にもそうした記録は古いものだと残っていません。となると、一から検査なども行わなければなりませんが、それには膨大な時間とコストがかかり、初期投資が跳ね上がり、とてもではないですが採算をとるのが難しくなってしまうのです。

そうした状況もなんとか乗り越え、保健所、消防、建築の各許認可行政とも確認がとれ、ゲストハウスとしての活用ができることになりました。同時にゲストハウスの設計図もできあがってきました。そしていよいよ工事に着手できることになったのです。

しかし、完成直前にもまた壁にぶつかりました。

古い建物ではまだ法律が今ほど厳密ではなかった時代に、建築基準法上、合法とは認められないような形で増築などがされているケースがあります。そうしたものもそのまま使用してしまうと違法となってしまいます。そのことが消防の検査時にわかり、工事を既に完了していたにもかかわらず、仕様変更しなければならず、余計なコストが発生したりもしました。

許認可する行政側もなんとか対応をしてくれていましたが、調整に時間がかかり変更後の仕様を認めてもらうだけでも、一ヶ月もの時間を要してしまいました。

既にオープン準備もし、スタッフも雇用していた状態でした。オープンしていれば得られたはずの売り上げも失い、実質的には数百万円の損失となりました。オープンまでとても苦しい状況が続きました。

## ゲストハウス立ち上げに協力してくれた人々

こうした数々の困難がありながらも、プロジェクトのスタートまでこぎつけることができたのは、様々な人々の協力があったからこそです。

ＭＡＲＵＹＡの一角にこの工事に関わって手伝いに来てくれた人の名前が残っていますが、この工事には七〇名以上の方々が参加し、一緒につくりあげてくれました。

熱海に住んでいる方だけでなく、東京などからも手伝いに来てくれる人もいて、中には毎週のように手伝いに来てくれる方もいました。こうした方々とペンキを塗ったりするだけでなく、寝室の壁を立てたり、床を貼ったり、フローリングを貼ったりということをしました。

ゲストハウスの設計、そしてその後、施工の一部やまたＤＩＹ工事のディレクションをしてくれたのはハンディハウスプロジェクトの中田裕一さんです。ＤＩＹとはDo It Yourselfの略で、工事を自分たちの手ですることです。

「ハンディハウスプロジェクト（HandiHouse project）は、妄想から打ち上げまで」というスローガンで、設計から工事まですべてのプロセスに施主を巻き込んで、自分たちの手で家づくりをする建築家集団です。この中田さんやハンディハウスプロジェクトのメンバーのお陰で多くの人の力を借りて、このゲストハウスをつくることができました。

でもこれだけ大掛かりな工事をＤＩＹだけではできません。地元の工務店さんや設備屋さんの力も借りました。特に地元の大舘建設さんにはとても助けられました。ＤＩＹをやるというのは工務店さんからしたら面倒なことです。工事をプロがしている横で素人がうろちょろしているのですから。ですが、それも快く引き受けてくださり、本当に私たちの無理難題を一つの愚痴もこぼさずに、いつも、

「はい、なんとかしましょう」

そう言って大工さんや電気工事屋さんなどの現場の方々と調整してくれました。

ＭＡＲＵＹＡの寝室は一つ一つデザインも違うのですが、熱海に関わりのある方、スタッフ、熱海のアーティスト、など様々な方々にデザインしてもらったり、壁紙を選んでもらったりしました。

こうした工事全般を支えてくれたのが、このゲストハウス立ち上げを機に、株式会社machimoriの取締役に就任した戸井田雄さんでした。現代美術作家であり、工事もできるので、現場で設計士さんや工務店さんともコミュニケーションを取りながら、現場で動いてくれました。

許認可行政との調整には、このリノベーションまちづくりを共に推進してきてくれた熱海市産業振興室の方々も後押ししてくれました。行政として補助金を出すのではなく、一緒に汗をかき、調整に動いてくれました。

ゲストハウスの運営については、中村功芳《あつよし》さんにたくさんのことを教えていただきました。中村さんは、岡山県の倉敷でゲストハウス有鄰庵《ゆうりんあん》を立ち上げ、ゲストハウスサミットやゲストハウス開業合宿なども行い、地域と共にあるゲストハウスづくりを支援してきた方です。中村さんは熱海を訪れ、コンセプトづくりや宿の運営、集客等についての計画づくりをサポートしてくれました。

そして、オープンの三ヶ月前には新たにゲストハウスのスタッフも雇用し段々と体制も整ってきました。

オープンから一年以上、立ち上げから現場の運営までを支えてくれた一人に、CAFE RoCAを共に再生したスタッフがいました。立ち上げ後に加わったスタッフも含めて、こうしたスタッフたちがこのMARUYAを本当に支えてきてくれています。

## ゲストハウスの資金調達

ゲストハウスをつくるにあたっての初期投資は抑えましたが、それでも投資規模はCAFE RoCAの一〇倍以上、四〇〇〇万円を超えました。

全体で四五〇〇万円ほどを資金調達していて、そのうち七四〇万円は会社の増資です。熱海の旅館さんや地元のガス会社、熱海銀座の商店など熱海内外の方々二〇名ほどに出資してもらいました。

そのほかは、金融機関からの借り入れです。会社の事業自体の業績はあまり良くない状態でしたが、リノベーションのまちづくりは熱海にとって必要だと理解してもらっていたため、商工会議所の方々も懸命に後押ししてくださり、政策金融公庫からの借り入れができました。また地元の信用金庫や銀行の皆さんもなんとかしようとしてくださり融資を受けることができました。

それに、ゲストハウスの事業計画は、既にCAFE RoCAでの経験があったこと、そしていくつかのゲストハウスなどに実際に事業計画を見てもらったり教えてもらったりしながら計画したため、かなり確度の高い数字にすることはできました。

実際、二年目にはほぼ事業計画通りの数字も達成することができました。

想いだけでは金融機関はもちろん貸してくれません。こうした事業計画があったことや、まだ立ち上げ段階にもかかわらず地元内外の様々なメディアで取り上げられていて注目を浴びていたことなども後押しの材料になったのではないかと思います。

熱海の街の観光客数が回復し始めていたことも大きな後押しになったと思います。

さらに、**クラウドファンディングでも資金を集める**ことができました。目標の一〇〇万円を六日間で達成。結果的に二〇〇人の方々から支援をいただき、約一七〇万円の資金になりました。全国のリノベーションスクールのつながり、これまでのまちづくりのつながりなどのお陰もあり、多くの方から支援してもらえました。

クラウドファンディングも黙っていて資金を支援してもらえるものではありませんので、応援してほしい一〇〇名以上の方に支援のお願いをしたり、情報の拡散のお願いをしました。クラウドファンディングをやった第一の目的は資金を集めること以上に、この取り組みに関心をもつ仲間を集めることであり、このMARUYAに泊まりに来てくれるファンとなる方々に事前に情報を届けたいという意図でした。

つまり、広報が一番の目的でした。結果としてその後泊まりに来る方や、熱海のまちづくりに関わってくださる強力な方々との新たな出会いもありました。

## 二拠点居住の入り口となるゲストハウス

ゲストハウスというと、一般的には外国人のバックパッカーが泊まりに来る場所として想像されるようです。もちろんそうした外国の方々にも来てほしいのですが、私たちのゲストハウスで一番のお客さんは、東京など近くの都会に住む人たちです。

東京に暮らし仕事をしている二〇代後半から三〇代前半くらいの女性で、ゲストハウスに今まで泊まったことはないけれど、ちょっと興味を持っていて、都会で二〜三年ほど仕事をしてきたが都会での暮らしだけでなく、地方でも何かしたいなと思っているような人を想定していました。

そんな人がふらっとやって来て、そしてＭＡＲＵＹＡをきっかけに熱海が気に入り、熱海に通うようになる。そんなストーリーを描いていました。

こうした利用者像を描いていた背景には、東京で暮らしているとき、月に一回は熱海に帰ってきていた、私自身の経験があったのです。

東京とは時間の流れが違って、大手チェーンの便利な店ではなく個人の商店が並ぶ街で、海辺で海や山を眺め、喫茶店に入って本でも読んで時間を過ごす。

そんな都会とは違う、もう一つの日常を熱海で時々過ごすことで、暮らしの豊かさを感じることができ、忙しい日々の疲れを癒すことができたのです。この経験から、熱海にもう一つの生活拠点を「ゲストハウス」という形で提供することは、必ず多くの人々の支持を得ると思いました。

熱海に一泊の観光に来るだけではなく、一方で完全に移住するわけでもない。観光と移住の間、「旅すること」と「住むこと」の間のグラデーションある多様な暮らし方をつくることが、ゲストハウスのみならず、熱海のこれからの街のあり方だと考えたのです。

その大事な一つのきっかけとなりたい、「二拠点居住の入り口となるゲストハウスをつくろう」というのがこのゲストハウスの一つのコンセプトです。

私が熱海でまちづくりを続ける理由は、「熱海をなんとかしたい」ということと、熱海を使って都会の人に豊かな暮らしを届けたい、ということです。それをこのＭＡＲＵＹＡを通して実現したいと思っています。

嬉しいことにこのゲストハウスをきっかけに、移住したり二拠点居住を始めたり、または新たに熱海で事業を始めようとする人も出てきたりしています。そこまでいかなくても、毎月のようにＭＡＲＵＹＡに泊まりに来てくださる方もいらっしゃいます。

当初の狙いが、思っていた以上に実現してきている手応えがあります。

## 熱海はインバウンド比率が低い

ところで、熱海を訪れる人のうち、日本の人に比べて海外の人の割合はかなり低いという現状があります。二〇一六年では海外客の比率は二％を切っています。その前年は一％でした。

海外からのお客さんが少ない最大の理由は、外国人の方への認知度の低さと、海外の方が泊まれるような施設が少ないことがあります。一人で宿泊できる施設も少なく、特にバックパッカーなどが安く気軽に宿泊できる施設は、熱海には少ないということでした。

熱海の老舗の旅館さんでは、宿泊にせよ料理にせよ、一定水準以上のクオリティのものを提供して、比較的に高価な料金をいただくというスタイルを続けてきました。

熱海の既存の旅館さんでは、もうおなじみのお客さんがいますから、今さら低料金での宿泊施設へと変わるモチベーションもありません。

また、こうした高級感が熱海という温泉観光地のイメージをつくってきた面もあるのですから、無理に変えるにはリスクが伴いますし、また観光客が上向き始めた熱海ではその動機もありません。

しかし、これからの熱海を長期的に考えれば、海外客の増加は必要なことと考えています。日本人の人口は減っていくわけですから、海外の方を呼び込むことは重要です。

海外の人に向けて熱海の本質的な魅力を磨き上げていくことは観光地としての価値を高めることにもなります。日本ではない他の国の方が来ること、異文化と出会うことは、この街のアイデンティティを見つめ直し、それに磨きをかけることにもつながるからです。そうして磨かれた土地となれば、国内の方にとっても魅力のあるものになるはずです。

少し前、熱海市の開いた会議で、海外からのお客さんを三〇万人に増やすことを目標にしようという話が出ました。この会議には老舗旅館の経営者も参加していましたし、海外客の増加については、これからの世代の街の方々の同意が感じられました。

ただ、既存の旅館さんの本音は、多分、熱海の街には海外客が増えてほしいけれど、自分の旅館には今まで通り首都圏からのお客さんが来てくれるから必要ないということだったでしょう。また、海外客が増えるとかえって面倒だと思っている人も、いるかもしれません。

熱海では海外客を増やすということに、あまり真剣ではないようですが、今後、日本の人口が減少することや高齢化が進むことを考えれば、海外客の増加はやはり必要なことです。

**海外客を増やすということでは、バックパッカーへの利便性を増すという対策が考えられます。**私たちのゲストハウスでは海外からのお客さんが多くなっていますし、安くて気軽に泊まれる施設はバックパッカーにとって便利なのは間違いありません。

もう一つ大事なのは、**海外客に向けての積極的な情報発信**です。

実は、海外版「地球の歩き方」とも言える「ロンリープラネット」という分厚いガイドブックには、熱海の情報はたった四分の一ページにしか載っていませんでした。

しかも、「熱海には大した見どころもないし、宿が高いから伊東か下田に行くように」とも書かれていました。

私自身がバックパッカーをしていた頃にこれを見て、いつかこの記述を変えたいと思ったのを覚えています。

欧米や豊かになってきたアジアの国々から来るゲストは街を歩いて街を知ろうとして、街に滞在して楽しんでくれます。こうしたゲストが増えると街はもっと魅力的になる、そう思います。

私たちのゲストハウスは、海外からのお客さんを増やすことも目的の一つとしていたのです。

## 旅人が来るほど街にとってプラスになる観光へ

ゲストハウスがあると、街を訪れる人々の滞在の仕方が少しずつ変わっていきます。

例えば、MARUYAに泊まった若者がよく、「干物屋さんと仲良くなれた」と嬉しそうに話していることがあります。あるいは、銀座通りに面したMARUYAのテラスにはMARUYAテラスというバーもあり、そこには地元の人、商店街の人もよく来てくれるため、そうした出会いもあります。

ゲストハウスを始めて嬉しかったことの一つに、飲食店の方々とつながりが増したということがあります。

それまでは、「こんにちは」とか「いらっしゃい」と言って迎えてくれた飲食店の方々が、今はお店に入ると「いつもありがとうね」と真っ先に声をかけてくれます。

それには私も「こちらこそいつもありがとうございます」と返します。お店の方からは「いつもMARUYAのお客さんが来てくれるよ。この間はこんなお客さんが来て……」と教えてくれるのです。

MARUYAはこうしたお店の方々に支えられているのだなあと実感します。

そして、こうした地元の私たちと飲食店の方々との関係は、ゲストハウスを訪れた旅人が紡《つむ》いでいってくれているのです。

このように、ゲストハウスがあると、様々な形で人と人との交流が促されていき、旅する人も地元の人も気持ちよく過ごせる環境が整っていくわけです。

かつての観光のあり方は、大量生産大量消費型の観光でした。観光地は、観光客が来ればたくさんのゴミが落ちていきます。世界遺産も、人が来るほど荒れてしまう場合もあるほどです。しかし、それでは街にとって何のプラスにもなりません。観光客にとっても街にとってもプラスになる観光へ。ゲストハウスから小さな動きをつくっていきたいと思っています。

少し前に起こった熱海の中心市街地衰退の原因は、大型の旅館ホテルがすべてお客様を囲い込んでしまっていたことです。私たちの取り組みはこうした、かつての街の衰退の原因への密かなアンチテーゼでもあります。それを実際に実践することで、新たな街の観光のあり方をつくっていきたいと考えています。

## 街の人たちが感じる変化——人こそが街のディスプレイ

「guest house MARUYA」（MARUYAの正式名称）をオープンして半年ほどは認知度も低く、営業的に厳しい状況でした。

しかし、地道に満足度を高めリピーターを増やす努力をしたのはもちろん、メディアによく取り上げてもらえるようになるうちに、改善していきました。

当初メディアに取り上げてもらえた理由の一つは、このゲストハウスがリノベーションスクールから始まった事業としては初めて実際に動き出したものということだったでしょう。

また、クラウドファンディングでの資金集めも、ネットのメディアで話題になりました。そうやって広がってくれたおかげで、ゲストハウスの業績が良くなっていったのです。今では、狙い通りに海外の人たちが泊まりに来てくれますし、さらに、二〇代や三〇代の女性客も多くなっています。

ゲストハウスでは、毎週土曜日に街歩きツアーなどをやっていますし、スタッフは皆が熱海のことに詳しくなっていますから、宿泊しているお客さんに熱海をどう楽しむのかを具体的に伝えたりして、宿泊施設としてはちょっとユニークで面白い場所になっています。

また、熱海銀座の風景も結構変わりました。空き店舗だらけだった通りに飲食店の出店が増えましたし、熱海の事業所の数も増えています。それまでは人通りもほとんどなかったのに、今では前よりも多くの人たちが歩く通りに変わっています。

「ここには、いつも若い人や外国人がいるよね」

と、街の人たちの印象も変わりました。**街にいる人たちが楽しそうにしている姿こそが**

MARUYA に集う人々　©HamatsuWaki

**街のディスプレイ、そう思いました。**

　**街が変わるというのは、リノベーションによって建物がきれいになることで始まるのではなく、やはり、人が集まることによって起こる**のだと思います。

　熱海の街のファンをつくるということを目的にしていたオンたまは、一年のうちの一〜二ヶ月の開催期間にイベントに参加した人にしか届けることができませんでしたし、採算もとれませんでした。しかし、このＭＡＲＵＹＡができたことにより、日々熱海のファンをつくることができるのです。そして、事業としても利益が出ていて、継続、発展も可能な形となりました。

　ＭＡＲＵＹＡにはオープンから二年ちょっとで一万人を超える方が宿泊してくれました。まだまだ成功したわけではなく、チャレンジ途上ですが、やっていく方向性は間違っていないと手応えを感じ始めています。

**第6章で紹介した「成功要因」**

- ●街に足りない機能を見出し、それを事業化する。
- ●ゲストハウスのファンよりも街のファンをつくる。
- ●ゲストハウスのお客さんが自然と街との接点をもつよう企画する。
- ●クラウドファンディング、DIY、出資、事業に参加する人を増やし巻き込む。
- ●事業のコンセプトと顧客像を明確に描く。
- ●街にいる人たちが楽しそうにしている姿こそが街のディスプレイ。

# 第7章

# 事業が次々と生まれ育つ環境をつくる

## 海辺のあたみマルシェ

この街には未来がない。

私たちがCAFE RoCA《カフェロカ》を始めた頃、熱海銀座の人たちには、諦《あきら》めの気持ちが強くありました。ところが、少しずつ変化が起き始めると、だんだん気持ちが変わっていきました。明るい兆しが見えて、気持ちが積極的になり始めていたのです。

それをさらに加速するために始めたのが、「海辺のあたみマルシェ――クラフト&ファーマーズマーケット」でした。**二ヶ月に一度、熱海銀座を歩行者天国にして開催しているイベントです。**

これも私たちの会社が中心となり、実行委員会をつくり運営してきました。商店街や周辺地域の町内会長の了承も得て、開催となりました。初回は二〇店舗、だんだんと増えて、常時四〇～五〇店舗が出店してくれています。

二〇一三年一一月に第一回「海辺のあたみマルシェ」を開催しました。熱海銀座を歩行者天国にして、路上に多くの店を開き、四〇〇〇人近い方々が来場してくれました。

普段は人通りが六〇〇人程度しかいないこの商店街にこれだけの人が集まった風景に感動したものです。おそらく商店街の方々も同じだったのでしょう。こんな風に言ってくれた人もいます。

海辺のあたみマルシェ　© 海辺のあたみマルシェ実行委員会

「祭り以外で、こんなに人が集まったのを見たのは、何十年ぶりだろう」

ただ、このマルシェは、単に商店街に賑わいをつくることが狙いだったわけではなく、本当の目的は次の二つでした。

まず一つは、熱海の街なかでこれからお店や工房を持ちたい方を発掘し、応援する場となること、もう一つは、道路という普段活用されていない公共空間を、人の過ごす場所として活用することだったのです。

「熱海で商売をしたいとか、工房を持ちたいなどという**意欲のある人が、自分たちの事業をテストする場**」

これが真の狙いだったわけです。

熱海銀座を含めた中心街に目立っていた空き店舗をリノベーションして使いたいという意欲のある人を集め、そうした人たちの起業のゼロ次ステップとして、まずお店を持つ前にファンがつき、お店を出すことができるようになる。そうしたテストの場としてこのマルシェを活用してもらおうということです。

「あたみマルシェ」への参加の条件は、主に、「手づくり」、「ローカル」、「商売としてのチャレンジ」の三つとしました。

まずは「手づくり」であること。これからは仕入れて売るような商売では成り立ちません。特に地方など人の少ないところでは薄利多売では成り立ちません。自分でつくって売るものであれば粗利も高く、手元に多くのお金が残ります。

そのため、フリーマーケットのように自分の家の要らなくなった衣類などを並べて売るという人は、参加をご遠慮いただきました。

次の「ローカル」という条件は、全国どこの参加者でもOKというわけではないということです。対象は、熱海や伊豆半島や静岡県、神奈川県西部の近隣の方、あるいは他の地域であっても熱海への出店に関心のある方としました。

三つ目の「商売としてのチャレンジ」という条件は、完全に趣味である人はお断りで、規模の大小は問いませんが、小さくてもきちんと商売としてやっていこうという意思のある方に参加してほしいという意味です。

マルシェでは、これらを選考基準にして審査もしています。

この「あたみマルシェ」は二〇一三年の開始以来、二〇一七年まで毎年六回ずつ開催していて、毎回四〇から五〇店舗の出店があるという状況になっています。

そして、嬉しいことに、この「あたみマルシェ」は、新しいことをしたい人のチャレンジの場として、しっかりと機能しています。

例えば、熱海で陶芸をやっている作家さんや、農家さんが出店したり、飲食店を移動販売でやっている人、これから飲食店を始めたい人などの出店があります。

さらに、これから起業しようという人やお店を持ちたいと考えている人たちが集まって来て、あたみマルシェに出店してくれるようになったのです。

## 「やってから謝りに行く」ことで理解を得る

実は、この「あたみマルシェ」を提案したとき、商店街の皆さんの半分くらいは賛成してくださったのですが、残りの半分ほどの方からは反対の声が上がっていました。

「歩行者天国にしたら車が通れない。うちの商売の邪魔になる」

と言う方々も多くいました。

私たちは、これまでの経験からも、事前にすべての方の合意形成をしてから始めていては、いつまで経っても何も変えられないことを学んでいました。

商店街の方々には説明に一通り回りました。でも、実際にやってみないとイベントの意義はなかなか理解してもらえないのが現実です。

そこで、私たちのとった戦術は、「やってから謝りに行く」というものでした。

私たちは、この熱海銀座にはしっかりとコミットしようと思っていました。熱海銀座を変えるためには最終的には地域の方々、すなわち、すべての不動産オーナーさんとの連携ができないと街は継続的にいい形には変わっていかないと考えていました。

だからこそ、じっくりと時間をかけてでも、銀座通りの方々との関係をつくっていこうと思っていました。

このマルシェを、当初から二〇一七年の三月まで支えてきたのは、長らく実行委員長も務めた植田翔子さんと大学生のインターン生たちでした。インターン生は二〇一一年から受け入れを始め、これまでに一六人を受け入れてきました。

半年から一年、熱海に住み込みだったインターン生がほとんどです。私たちの新規事業の立ち上げなどを現場で担ってきました。

マルシェも、インターン生が、立ち上げからその後継続していく仕組みづくりまで力を発揮してくれました。

一回のマルシェを開催するたびに、すべての店舗に四～五回通って説明していました。最初は私自身が、そして途中からはスタッフやインターンの学生たちが各店舗へ説明に行ったのですが、地域の方からお叱りを受けることも多く、とても嫌な役回りでもあったと思います。

これを半年経験して、「二度とまちづくりなんかやりたくない、つらすぎる」とこぼしたインターン生もいます。

しかし、継続すると変化は起き始めます。その学生が一年後に来たとき、街の皆さんの変化に驚いていました。

「商店街の人たちがこのマルシェを応援してくれている。涙が出た」

実際に変化は徐々に起こってきました。

半年経った頃から、反対していた方々も「まあ、いいだろう」という感じになり、一年経つと「がんばれよ」と声をかけられるようになり、二年経つと「歩行者天国になると売り上げが下がる」と言っていた方も、自らマルシェの日には路上に商品を並べてみたら「売れたよ」と報告してくださったりするようになりました。

嬉しかったことは三年経ったときに商店街の何人もの方々が、「マルシェにおんぶにだっこじゃダメだよな。自分たちも何かしていかないと」と言ってくださったことです。

私たちが目指しているのは、自分たちの街を自分たちでつくること、そんな人が一人でも多く増えることです。誰かの取り組みに依存するのではなく、自らが動こうと思うような刺激になれたことを心から嬉しく思いました。

「やってから謝りに行く」と言いましたが、ただ謝りに行っていたわけではありません。

私たちは「あたみマルシェ」のたびに、商店街の皆様に目的を説明していきました。

たった一日のイベントで利益を上げることが目的ではない。一時的にはもしかしたら、既存の店舗の売り上げは下がるかもしれない。けれど、これをきっかけに空き店舗でお店を出す人が一人二人と増えていけば、日常的に商店街が賑わうようになる……。

そう話をしていきました。

だんだんとその趣旨には賛同いただけるようになっていきました。

マルシェを続けた結果、

「熱海銀座って、最近、色々やっているね。盛り上がっているじゃないか」

地元の人たちからこう言われるようになっていきます。

マルシェに出店するすべての人が熱海の街なかに本気で出店を考えているわけではないのですが、実際、空き店舗や使われていない倉庫などを改装して、お店にしたりカフェにしたりする例が現れるようになります。

隔月の歩行者天国で出店している人の中から、熱海の中心街の空き店舗をリノベーションする人たちも少しずつ出るようになっていったのです。

こうして、あたみマルシェによって、熱海の中心街の店舗は新しい人のチャレンジの場として、知られるようになっていきました。

そして、このマルシェには多くのボランティアの方々も関わってくれました。熱海で働く人、熱海に移住してきた人、東京から来てくれた大学生など様々な人たちです。

こうして、ただ単に熱海銀座に消費しにくるだけでなく、参加し、ここに何かをしに来る人たちが増えてきたことも、「熱海銀座って面白い」と思ってもらえるきっかけになったのだと思います。

マルシェのもう一つの目的、道路という公共空間の活用も、こうして、たくさんの人で賑わい、通りに人々の楽しそうな笑顔があふれている姿を見て、可能性を感じることができました。

## 起業が次々と起こるnaedoco

マルシェの効果もあり、熱海で新たに起業する人、あるいは起業したいという人たちが、徐々に出始めていました。

そんな中、熱海市観光経済課産業振興室の方々から、こんな話がありました。「熱海市として創業支援の取り組みをしていくことが決まった。予算化もされたので、何をしていったらいいか知恵がほしい」

その中で、起業家向けのインキュベーション施設をつくるのはどうか、という話がありました。行政がそういう施設をつくって起業家向けに提供するというアイデアでした。

これまでいろいろとリノベーションまちづくりを一緒に進めてきた方々でもあったの

で、私は率直にこういいました。

「行政がハコモノつくってどうするんですか。そういうのはもうやめようと話してきたじゃないですか。

場所は僕らが民間でつくります。ただし行政も、民間の方と同じように場所の会費を払って入居してください。産業振興室が市役所の場所にいる必要はない。街なかに出て、民間の人たちや起業家のいる場所でこそ、事業者のニーズもわかるはずです」

そうして始まったのが「naedoco《ナエドコ》」というプロジェクトです。

実は私たちも、ある場所に新たな拠点づくりを考えていたところでした。

きっかけはＭＡＲＵＹＡと同じようにリノベーションスクールでした。第一回のリノベーションスクールを二〇一三年に開催した後、二〇一四年の六月には第二回のリノベーションスクール＠熱海を開催しました。そのときの題材となった物件の一つが、これもまた熱海銀座にあるサトウ椿ビルで、ビルオーナー佐藤秀幸さんは熱海銀座商店街振興組合の理事長も長らく務めた方でした。

ビルの一階では、大正時代から続く椿油を製造・販売するお店を営まれています。このサトウ椿ビルの二階に、このビルが建って以来、五七年間も使われていなかったスペースがありました。

ここに二〇一六年七月につくったのが、「naedoco」というコワーキングスペースです。

コワーキングスペース naedoco ©TanakaYoji

共有のスペースには、Wi-Fi《ワイファイ》でネットを使える環境が整えてあるのですが、今の時代ならば、ネットと携帯電話やスマホがあれば一応の事業が可能です。

今後は、ニーズに応じて一部のスペースにブースを設置できるようにする必要も出てくるでしょうが、現在は、固定席はありません。

この共有スペースの使用料は、一人で普通に使うだけならば月一万円で、会社の人数が増えれば二人目からは月に一人当たり七五〇〇円です。

また、naedocoの住所に会社の事務所として法人登記することができ、その場合は一ヶ月にプラス五〇〇〇円です。

区画割して固定の席を貸すのではなくてコワーキングスペースですから、スペース全体の空いている場所をどこでも使っていただいて構わないことになっています。

ここでは、新しく事業を始めようという起業家の卵といった人たちが事業計画をつくっていたり、既存の企業がサテライトオフィスとして使ったりと、様々な形で利用されています。

その他にも大学の先生やフリーのライターさんなども入居しています。また、単なるレンタルオフィスではないコワーキングスペースの利点であるのですが、借りている方の間で活発なコミュニケーションが生まれています。

既に、会社の事務所としてnaedocoの住所を法人登記している会社が五社あり、その中にはここを本社としている例もあります。

また、ここでは創業を後押しするスクールを開いたりなど、様々なプログラムを行っています。

熱海市とも連携しながら、この場から熱海で起業するプレイヤーを次々と生み出していくことを目指しています。

こうした場を通じて、いかに熱海の街なかに仕事を生み出し、新たな産業を生み出すのかがチャレンジです。

そしてより価値の高い産業を生み出し、平均所得を向上することがこのリノベーションまちづくりで生み出すべき成果の一つでもあります。

## 第7章で紹介した「成功要因」

- 街に企業が生まれるために、起業のゼロ次ステップを用意する。
- 街を変えるためには、合意形成よりも、見て、感じてから変わってもらうこと。
- 持続可能な事業をつくるには行政のハコモノよりも民間主導の事業化が有効。
- 本当に街の再生を実現するには、多くの企業の誕生が必要。

第8章

# ビジョンを描き「街」を変える

## クリエイティブな三〇代に選ばれる街

かつて株式会社machimori《マチモリ》を立ち上げたとき、私たちは、熱海銀座のエリアのビジョンを掲げました。

「クリエイティブな三〇代に選ばれる街をつくる——「Third Place for Creative 30s」」

理由は、熱海を再生するときに、**三〇代を中心にした世代がまちづくりを引っ張ることになる**と考えたからです。

私たちが来てほしいと願っているクリエイティブな人とは、必ずしもデザイナーやアーティストなどのクリエイターだけを意味しているわけではありません。**「自ら仕事や暮らしをつくっていく人」をクリエイティブな人だと私たちは考えています。**

そうした意味で、自らの仕事を新しくつくり上げようという起業家もまた、クリエイティブな存在です。

自分たちで自分たちの暮らしや街をつくるという意欲にあふれたクリエイティブな人が集まってほしい。そうした人たちが活動しやすい、チャレンジしやすい環境をつくることが、自分たちの仕事だと思ったのです。

しかし、熱海には観光客がめっきり少なくなり、中心街を歩いている人はあまりいなくなっていました。そうしたクリエイティブな層が何かを始める気配もありませんでした。

だれもこのエリアで何かを始めようとする人はいない。だからこそ、自分たちが最初の店を出して運営すべきだと思いました。

自分たちで店を出してビジネスとして成功させることで、中心街の沈滞した空気を変えるしかないと考えていました。

つまり、CAFE RoCA《カフェロカ》もゲストハウスも、目的としていたのは「クリエイティブな三〇代に選ばれる街をつくる」というビジョンを実現する手段としてのプロジェクトだったわけです。

## 自ら仕事や暮らしをつくっていく中心となる三〇代

「なぜ、二〇代や四〇代じゃなくて、三〇代なのか?」

私たちの掲げたビジョンについて、こんな疑問を持つ人もいるかもしれません。

私たちは三〇代といいつつ、二〇代後半から四〇代前半の世代を念頭に入れています。ほかの世代ではなく三〇代前後を特に目安としているのは、この世代から始めることで最も他の世代に波及できると考えたからです。

三〇代という世代とは、そろそろ親の老後について具体的に意識し始める時期です。

もちろん、三〇代は子育ての世代でもあります。子育てなどを通して地域とのつながりができ始める世代です。

また、より若い世代にとっては、三〇代がかっこよく働き、暮らしている姿を見れば、いずれ自分たちもこの街でそうやって暮らそうという憧れにもつながります。

そしてシニア世代には、若者がリーダーシップをとって活動するなら応援したいという方が多いと、私は感じてきました。また実際、起業するには二〇代後半から三〇代が一番いい時期ではないかと思います。

このように、自分の暮らしや仕事を自分でつくっていくというとき、三〇代こそが最もチャレンジしやすい世代だということなのです。

だからこそ特に、クリエイティブな三〇代は、熱海という街の未来を考えるとき、とても重要な人々だと私たちは考えています。

ただ単に熱海で、便利で快適な生活を求めると不便も感じるかもしれません。生活に便利な大手チェーンの店も少ないし、買い物がすべて街でできるわけではありません。でも、こうした街だからこそ、何かやりたい人にとってはまだまだ余白も多い、面白い街だと感じます。

熱海の魅力とは、首都圏で手に入るものとは違うものであるはずです。首都圏にはない独自のカルチャーを失えば、熱海は存在価値を失うとさえ言えます。

そうした独自のカルチャーを新しく創造するためには、積極的に自らの求めるものを生み出そうとするクリエイティブな人こそが必要なのです。

## ビジョンを共有する場をつくる

実は、私たちがCAFE RoCAを立ち上げたとき、「クリエイティブな三〇代に選ばれる街にする」というエリアビジョンを地域の人たちと共有する場をつくっていました。

例えば、二〇一一年から二〇一二年の始め頃にかけて、清水義次《よしつぐ》さんの協力を得て「街を変えるワークショップ」を三回にわたり開催しました。

その場に集まっていただいたのは、CAFE RoCAのビルオーナーであった組合の役員さんや、熱海銀座で商店を営む方々、熱海銀座の若旦那たち、また他のエリアで商店を起業した地元の先輩起業家、そして、それまでの活動で出会ってきたデザイナーやアーティストなど、約四〇名の方々でした。

まず、リノベーションまちづくりでは、スモールエリアを設定します。私たちが設定したのが、熱海銀座を入り口にした約二〇〇メートル四方のエリアでした。

あまり大きなエリアでは変化を起こすインパクトが薄れてしまいます。また、あたみマルシェのところで述べたように、小さなエリアならば、エリアの不動産オーナーさんたちと顔の見える関係をつくることができます。

続いて、グループに分かれてエリアのビジョンを考え、このエリアでどんなプロジェクトを起こしていったらよいかを考え発表し合いました。まちづくりを担うチームを将来的に生み出していくことを狙ったものでした。

しかし、こうしたワークショップではただ単にビジョンやそういう施策を考えても、考えて満足、という形になりがちです。

そこで、私たちは私たちとしてのエリアビジョンを提示し、そして、そこを変えていくために、まずはカフェをオープンすることを宣言しました。ビジョンと共に重要なのは、そうしたビジョンを背負ったリーディングプロジェクトなのです。

私たちの提案の他にも、道路を歩行者天国にしてしまおう、という案や、飲食店をやりたい人が実践的に学べる場をつくろう、などの意見も出ました。

このワークショップでは二〇代から六〇代までの方々が参加し共に考えたのですが、効果的だったことが二つあります。

一つは、地元の人にとっては、熱海にこんな意欲ある面白い若者がたくさんいたのかと気づいたことです。

もう一つは、外から来たプレイヤーにとっては、こんなに熱く未来を考えている地元の人たちがいたのかと知ったことです。

私自身もこうした場の空気を感じて、このエリアはきっと変わっていく、そんな予感を感じました。

## 熱海銀座は変わり始めた

二〇一一年に株式会社machimoriを立ち上げ、街を変えるワークショップを行ってから五年、CAFE RoCA、海辺のあたみマルシェ、guest《ゲスト》 house《ハウス》 MARUYA《マルヤ》、naedoco《ナエドコ》、と、熱海銀座で毎年のように新しいプロジェクトを立ち上げてきました。

その結果、実際、熱海ではクリエイティブな人が多く集まってきました。

**「クリエイティブな三〇代に選ばれるエリア」**

私たちが熱海の再生を目指したときに掲げた目標は、少しずつですが、実現へと近づいているという手ごたえを感じています。

特に二〇一六年からは、このエリアに面白い魅力的なプレイヤーがどんどん集まってきました。例えば、私たちが携わった方々では、熱海を拠点に活躍するファッションブランドの「Eatable《エタブル》 of《オブ》 Many《メニー》 Orders《オーダーズ》」、そしてバール「caffè《カフェ》 bar《バール》 QUARTO《クアルト》」、ジェラート店「La《ラ》 DOPPIETTA《ドッピエッタ》」の三店舗があります。

エタブルは、東京とパリで個展を開催したり、大手セレクトショップなどでも扱われ、国内だけでなく海外にもファンがいる力のあるファッションブランドです。新居幸治さん洋子さんのご夫婦で二〇〇七年にヨーロッパから帰国した際に熱海に拠点を置き、アトリエを持って活動していましたが、アトリエ併設で初の店舗を構えようとした際にこの熱海

Eatable of Many Orders

銀座を選んでくれました。naedocoのあるサトウ椿ビルの半地下階に入居してくれました。

caffè bar QUARTOを始めた加藤麻衣さんとは二〇一〇年に熱海でのフィールドワークプログラムに参加したことがきっかけで出会いました。「いつかイタリアンバールを開業したい」と当時から言っていた夢を、東京ではなくこの熱海で実現してくれました。熱海に移住し、開業してくれたのです。

そして、La DOPPIETTAのオーナー太田賢二さんは静岡県出身です。イタリアに渡りピザ職人としてのキャリアを積んだ後、武蔵小山で大人気のピザ屋「La TRIPRETTA」を開業しています。二店舗目はジェラート店を、生まれ育った静岡

シェア店舗 RoCA　©TanakaYoji

県内で開きたいとこの熱海銀座の場所を選んでくれました。

この二店舗は二〇一七年、CAFE RoCAの後のシェア店舗RoCAに入居してくれました。それ以外にもこのエリアにアーティストや起業家などが集まりつつあります。二〇一一年から六年が経ちまさに、この熱海銀座がクリエイティブな人に選ばれる街になりつつあるのです。

そしてそれ以外にも、熱海の港町網代《あじろ》の人気の定食屋さんが近くにオープンするなど、空き店舗がだんだんと埋まってきました。

振り返ってみれば、二〇一一年には熱海銀座通りにある三〇店舗のうち、一〇店舗、実に三分の一が空き店舗でした。それが段々と減ってきて、現在（二〇一八年）は空き店舗の数はあと四店舗となりました。熱海銀座の隣の浜町観光通り商店街にも出店が相次ぐなど周辺にも店舗が増えてきました。

以前は多くの人から、シャッター街と呼ばれていた通りが、熱海の変化の象徴とも言える場になってきました。

かつては、観光客も地元の人もなかなか立ち寄ることがなくなり、二〇一〇年に熱海市が実施した歩行量調査では熱海銀座は他のどの商店街よりも歩く人が少ない、という事実が示されました。この結果を知った熱海銀座の方々の唖然とした表情は忘れられません。

しかし六年経って、通りのイメージはすっかり変わっています。このように言ってくれた方もいます。

「何も用がなくても銀座通りを通って行こうかなって思うようになりました。行けば誰かに会えるかなって」

また、数年ぶりに熱海を訪れたという方からもこんな風に言ってもらえることも増えています。

「この数年で熱海は本当に変わったね。中でも熱海銀座は特に印象が変わった。若い人たちが増え、センスのいいお店が増えている」

エリアに魅力が生まれ、人が集うようになり、空き店舗も埋まり始める。その結果このエリアの地価もようやく上がり始めています。リノベーションまちづくりの目的であるエリア価値の向上は、不動産価値の上昇という形で現れます。
私たちのまちづくりも、ようやく成果が見え始めたと言えるでしょう。

## 若者、女性、シニア、多様な人がいるからこそ生まれる空気

これから、熱海で新しい仕事を始めたり、新しい暮らしを築こうとしたりするとき、大切なのは、女性の感性ではないでしょうか。

日常の暮らしという面では、家事はもちろん、子育てに深くかかわっているのは女性です。また、観光という意味でも、接客の現場では仲居《なかい》さんや女将《おかみ》さんなど、女性が最前線で活躍するわけです。

こうした事実から言って、女性の意見や感じ方をよく知って、意見を取り入れていくことは、新しい仕事や暮らしをつくっていくうえで不可欠だと思うのです。

また、女性には、新しいものに素早く反応する傾向があります。

例えば、私たちがやっていた「オンたま」のイベントでも、参加者の七割は女性でした。

現在、観光の中心が団体から個人へと変化していますし、宴会型から体験型へと変わりつつありますが、そうした変化に対応したイベントである「オンたま」にいち早く興味を持ったのが、男性よりも女性のほうに多かったと言えるでしょう。

**生活を楽しむことに関しては、女性のほうがどん欲**だということかもしれません。

こうした積極的な姿勢が、街を新しくしていく原動力となるわけで、実際、熱海で起業しようとしている人にも女性が多くいます。

クリエイティブな三〇代に選ばれるエリアとなるには、新しいものの魅力を素早く発見したり、積極的に新しいものを求めたりする女性たちを、大事にしていく必要があると思うのです。

しかもこれは女性に限りません。今までの街は、男性中心、年配の人中心に物事が決まってきたように思います。しかし、これからは女性や若者、他地域から来た人や外国人など年代、性別、国籍などを問わず、多様な人たちが関わり、ゆるやかにつながり共につくりあげてこそ、磨かれていくものだと思います。

熱海という多様な人を受け入れてきた温泉観光地だからこそ、改めてそうした多様性を受け入れていくことでよりよい街ができていくと感じています。

## 熱海のリノベーションまちづくりのこれから

熱海銀座の次のリノベーションプロジェクトとしては、シェアハウスの計画があります。これも二〇一七年一月に開催したリノベーションスクール@熱海で生まれたプロジェクトです。そこに参加したメンバーが会社を立ち上げ、準備をしています。

このプロジェクトのプランづくりに関わった一人に、企業の人財開発や人財育成も行っているキャリアカウンセラーの齋藤めぐみさんがいます。

一〇年前から伊東に拠点を置いて、熱海の旅館の経営者に、キャリアカウンセリングや経営コーチングをしており、旅館で働く人たちの環境に課題を感じていたそうです。

旅館業界では離職率の高さはどこでも課題です。熱海の旅館を辞めた若い人たちが熱海を離れてしまうケースも多くあります。

また熱海で働く若者というと、旅館・ホテルや、病院、市役所などで働く場合が多いですが、住宅に課題があります。熱海の二〇代から三〇代の若者の流出については先に述べましたが、この原因の一つが住環境にあります。

若い人が出て行くというと、それは仕事がないからだと必ず言われます。もちろんそれもあるのですが、熱海の場合、仕事はあるにもかかわらず熱海に住んでいない人が多いというのがデータでわかる事実です。熱海から他地域に仕事に通っている人は約四〇〇〇人、他地域から熱海に仕事で通っている人は約六〇〇〇人と、二〇〇〇人もの差があります。

「本当は熱海に住みたかったけれど、いい住宅がなかったから仕方なく熱海以外に住んだ」、「熱海は高かったから、他地域に住んだ」

このような声を聞くことがしばしばあり、熱海に住みたいにもかかわらず住めない人たちが多くいることを感じざるを得ません。

また、いったんは熱海に働き口を得て住んでも、結婚や出産のタイミングで近隣の小田原などへと出て行ってしまう人もいます。

子供時代に熱海で育って、大学への進学や就職などで、二〇代で出て行くケースはまだやむを得ないと言うことはできても、熱海で働いているのに三〇代で外へ出て行ってしまうのは問題です。

これは街にとっても損失です。熱海で働き街なかの近くに住めれば、そこで飲んで帰ったりと消費も生まれます。しかし隣町から車で通っていればそうはいきません。

熱海の家賃は平均すると周辺地域よりも高くなっています。この原因は熱海の住宅の二極化にあります。

新しくてきれいな物件はほとんどがリゾートマンションです。これはこの街で働く若者にとっては高すぎる物件でもあります。

一方で街なかに存在する古くからある物件はほとんどが築五〇年から六〇年で、手も入れられておらず長らく空き家になっているボロボロな状態のものばかり。こうしたものは不動産市場にも出てこないものが多いです。

若者が住みたいと思えるリーズナブルな物件が圧倒的に不足しているのです。これは旅館にとっても課題です。社員が住める寮などを探そうにも物件が見当たらないということにもなります。旅館にとってもいい住まいを用意することはスタッフの確保において重要な要素になっています。

そうした熱海で働く人たちが住める、そして、街とも関わり合いながら暮らすことができる場をつくろうというのがこのシェアハウスの計画です。今面白いことが起きている熱海銀座で多様な人たちと出会い交流することで、熱海にも愛着を持ち定着してもらえるような場をつくろうと意図したものです。

熱海銀座の建物は、一階部分はだいぶ埋まってきたものの、二階、三階は空いているところがまだまだあります。

今は家族経営をしている熱海銀座のお店も、熱海の全盛期には、一つのお店に数人から多いところでは二〇人近くも従業員が寝泊まりして暮らしていたという話を聞きました。熱海銀座にはかつて観光客だけではなく、暮らす住民が今の一〇倍以上いたのです。

衰退したエリアでは、商店だけで継続的に街を再生させることは困難です。宿泊やオフィス利用、居住などでこの街に日常的に滞在する人を増やすことで、この街で日常的に消費する人も増え、飲食店や物販店などの商店もやりやすくなります。ゲストハウスやコワーキングスペースをつくったのもそのためです。

この熱海のリノベーションまちづくりで生み出すべき成果の一つは熱海の中心市街地の人口を増やすことでもあります。

シェアハウスのプロジェクトは、ゲストハウスをつくったときと同様に建築の用途変更の手続きで大きな障壁にもぶち当たっていますが、なんとか実現することで、この熱海銀座に住みたいという人を生み出し、さらに熱海銀座の再生につなげていきたいと思っています。

## 地域と起業家をつなぐ、現代版家守の役割

熱海銀座でのリノベーションまちづくりによる成果が少しずつ形を表す中で、熱海の他のエリアでも新たに事業を起こそうという人たちが出てきました。

私たち株式会社machimoriとしても、熱海銀座に留まらず、熱海全域を対象に事業を展開していくべきではないかと、数年前から考えるようになっていました。

そんな矢先、他の二つのエリアで、それぞれ全く別の起業家が起こそうとしたプロジェクトが、近隣の方々の反対の声もあり、いずれも頓挫してしまう憂き目に遭いました。

原因は様々あると思いますが、私は最も本質的な課題はこういうことだと思いました。（地域の新たな起業家と、不動産オーナーなど地域の方々とをつなぐ役割を担う人がいないと、エリアのリノベーションは円滑に進まない。もし、このエリアに家守《やもり》の役割をする人がいたら、プロジェクトが潰れてしまうことはなかったのではないか）

起業家と地元の人々は経験や考え方に差異がありますから、すんなりとコミュニケーションがとれないことも多々あります。しかし、その間に立って翻訳したり調整したりする役割があれば、信頼関係を築くことがもっと容易になるはずです。

私たちはこう考えました。

やはり、熱海の街なかに私たちだけではなく、家守会社を生み出していく必要がある。私たちだけでは地域の人たちとの関係をすべて築くことはできない。エリアに特化したような、また私たちとも個性の違う家守会社が各エリアごとに生まれる必要がある。

そしてこうしたことを受けて、もう一つ決意したことがあります。

「私たち株式会社machimoriも、エリアを拡大するのではなく、やはりもっと熱海銀座に集中して、熱海銀座を圧倒的に成功させよう」

マルシェの（第7）章で述べましたが、熱海銀座でも、地域の方々の理解を得て信頼関係を構築するまではとても時間がかかりました。エリアを広げていけばそれだけ地域の方々とコミュニケーションをとるのがより困難になります。熱海銀座への力のかけ方も弱くならざるを得ず、足場も揺らぐ可能性もあります。

これまでの活動を経て、熱海銀座の方々には本当に支えられているなということを感じるようになっていました。他の地域の方などから批判されたり、誤解されたりすることがあっても、この熱海銀座の方々が盾になってくれたり、また誤解を解いてくれることが増えてきました。これはとても心強いことです。

だからこそ、この熱海銀座をより圧倒的に成功させることで、誰にも目に見えてわかる成功事例をつくることこそが私たちの役割であると感じました。

マルシェの取り組みも熱海銀座を一年近く離れてやってきましたが、改めて熱海銀座に戻ることとしました。

地方の中のとても小さな熱海という街の、さらに小さな銀座通りという場所のエリア価値を高めること。そのことにこれからも邁進していきたいと思っています。それが熱海の中心市街地を再生する近道だと考えるからです。

**第8章で紹介した「成功要因」**

- スモールエリアを設定し、そのエリアのエリアビジョンを描く。
- エリア内外の巻き込みたい人とビジョンを共有する場をつくる。
- ビジョンを実現するための民間自立のプロジェクトを次々とエリアに投入する。
- 街の変化を観察し、自らの役割を変化させる。
- 自ら仕事や暮らしをつくっていくことで街を変えていく中心はクリエイティブな三〇代。
- 地域と起業家をつなぐ役割の現代版家守がいてこそwin-winの関係となる。

第9章

# 多様なプレイヤーがこれからの熱海をつくる

## 本格的に動き出した行政

全国各地でリノベーションスクールが開催されていますが、熱海のように、行政からではなく民間から動き出した事例は、少ないのではないかと思います。

ただし、熱海再生について行政がこれまで何もしなかったというわけでは決してありません。

CAFE RoCA《カフェロカ》を立ち上げた翌年の二〇一三年、リノベーションシンポジウム@熱海が開催されました。HEAD研究会という、建築や不動産分野の専門家がこれからの産業を探求すべくつくられた研究会が主催して行われたものです。HEAD研究会のリノベーションタスクフォースという部会には、前述したブルースタジオの大島芳彦さんが委員長を務めていて、大島さんをはじめ、リノベーションの業界の最先端を担う一流の方々と出会うことができました。

清水さんや嶋田さんとの出会いのお陰で、こうしたリノベーションシンポジウムを熱海で開催できることとなったのです。そのときにそうした建築や不動産の専門家が一〇〇名以上、そして熱海の方が一〇〇名近く、約二〇〇名の方が集まるシンポジウムとなりました。その熱気は今でも覚えています。熱海が大きく動いていけるかもしれない。そんな予感を感じた場でもありました。

その後、この動きがきっかけとなり、また清水さんやＨＥＡＤ研究会の協力も得て、同年、第一回のリノベーションスクール@熱海を開催することができました。

こうした動きの中には、いつも熱海市役所の現場の行政マンがいて、私たち民間と一緒になって場をつくることに参加してくれました。

また、リノベーションスクール@熱海にもこれまでに五名の行政マンが参加し、一緒に物件再生の事業計画を練ってきました。

とは言え、熱海市が行政の都市政策としてリノベーションまちづくりに正面から取り組んでくれないことには歯がゆさを感じていたのも事実です。

しかし、二〇一六年、いよいよ熱海市が本格的に動き出しました。二〇一六年の二月議会で熱海市の齊藤栄《さかえ》市長が、所信表明の中でこう言っています。

「地域資源である遊休及び低利用の不動産の活用を促し、新たなビジネスに取り組みやすい環境を整備するため、〝リノベーションまちづくり構想〟を策定します。創業支援体制の強化とリノベーションまちづくりを両輪として、この熱海に新たな産業と雇用を創出し、街のにぎわいを創出してまいります」

これは熱海の産業育成の政策の中心にリノベーションまちづくりが位置づけられたことを意味しています。

もともとリノベーションまちづくりは、民間主導の取り組みではありますが、それを推進するためには行政の都市政策も不可欠です。長らく待ち望んでいたリノベーションまちづくりの構想にようやく行政が着手できる環境が整ったのです。

これは行政の現場でやってきた方々の努力の結果でもありました。

実はその齊藤市長が宣言をする前、当時の産業振興室の小山みどり室長からこのような発言がありました。

「私たちは熱海市の将来について今強い危機感を抱くようになりました。私たちももっと本気で取り組まないといけない。死ぬ気でやります。だから市来さんも、私たちと心中するつもりで一緒にやってください。お願いします」

私自身、いつもそのような覚悟で、ずっとまちづくりに取り組んできましたので、この言葉には心が揺さぶられました。

「行政の中にも同じ気持ちで、そこまでの覚悟で取り組んでくれる仲間ができた、私たちが民間で雑草のように這いつくばってやってきたこの取り組みが、ようやく次のステージに移ることができる」

と確信したからです。

さらに、齊藤市長は所信表明の中でこのような発言もしていました。

「若年層の雇用の場を創出し、地域経済を活性化していくためには、新たなビジネスに取り組みやすい環境やビジネス展開しやすい環境を整備し、一次産業も含め、多様な産業構造を構築していくことが不可欠です。そのため、平成二七年度に構築した、熱海商工会議所を中心に市、金融機関、宅地建物取引業協会及びＮＰＯ法人が連携する官民協働の創業支援体制を強化し、熱海の魅力の内外への発信と伴走型の支援を実施し、若年層の地域への定着を促進してまいります」

ここからリノベーションまちづくりと創業支援をかけ合わせた取り組みが本格化します。

それは想像した以上の勢いで物事が動いていく前触れでもありました。

## まちづくりの動きの背景と行政の支え

現在（二〇一八年）の市長である齊藤栄氏は、二〇〇六年、四三歳で熱海市長に就任しました。

**市長になってすぐに、熱海市の財政危機宣言を出しました。**すると、たちまち「第二の夕張市か」と新聞等のマスメディアで取り上げられて、全国的な話題になったのです。

その後、地元の人々が市長のこの宣言に「熱海のイメージダウンになる」と反発し、宣言自体は撤回されて、別の名前に変えられました。

けれど、市の財政が危機的状況だったのは事実でした。財政状況が悪化して、元々あった積立金がほぼないような状況だったのです。

それまでの市政は財政を引き締めて歳出を削るのではなく、イベント等で観光客数を回復させて歳入を増やそうという路線をとっていました。そのために観光振興策を幾つも打っていたのですが、残念ながら、そのどれもが、観光客数を回復するほどの効果が出ていませんでした。

そんな中、とにかく閉塞した今の状況を変えたい、その市民の思いが、熱海とは縁のなかった齊藤氏の当選という結果を生んだのでした。

齊藤市長は、熱海の財政再建を掲げ、そのために財政を「見える化」することを訴えていました。官は官の役割を、民は民の役割をという理念だったのだと思います。

その中で、この頃から市民活動が活発に起こるようになります。自分たちの手でなんとかしていこうという方々が立ち上がり始めたのです。

ちょうど私自身が熱海での活動を開始した頃であり、心強い動きでした。民も官も熱海は明らかに変わろうとし始めたのです。

そして、熱海市が立ち上げたのが「観光戦略会議」でした。その会議を通して「熱海市観光基本計画」が策定されました。

そこには、「長期滞在型の世界の保養地」になるというビジョンとともに、「全員参加の街おこし」、「あるいて楽しい温泉保養地」、「もう一度行きたくなる街」という方針が掲げられました。会議では、「オンパク」を開催することも提案・検討されていました。

観光戦略会議には、熱海市長をはじめ、観光協会や商工会議所、旅館組合などの主要団体の方々が参加していました。

ここでつくられたこれらのビジョンや方針は、私自身も大いに賛同できるものばかりでした。またその後オンたまを開催するにあたっては、この会議に参加していた観光業界のリーダーの方々にこの方針が共有されていたからこそ大きな変化を生み出せたのだと思います。

国の観光白書で触れられた熱海再生の要因となった具体策にも「財政危機をきっかけとした危機意識の共有、首長主導での観光戦略の合意形成」が挙げられています。

財政再建と共に、民間からの観光まちづくりを推進する、それが熱海市の方針でした。しかし、大きな方針を掲げても具体的なアクションがなければ街は変わっていきません。それを担ってきたのが民間の観光に関わる動きであり、そのうちの一つとして、私たちの動きもそれに大きく貢献できたと思っています。

観光白書には熱海再生の具体策として、もう一つ記載されていることがあります。

「観光関連者の中で統一プロモーションの必要性を共有、新規顧客獲得に向けて若年層をターゲットに選定」

そうした取り組みは齊藤市政の二期目から始まったのですが、キーマンとなったのは経済産業省の出身で三二歳だった田邉国治元副市長でした。

戦略的なプロモーションを実行するために、田邉副市長が市役所の各現場や街のリーダーの方々との関係を構築し、推進していく体制をつくっていったのです。

また、**田邉副市長が来てからは、熱海市が打ち出した政策がスムーズに議会を通るようになりました。**

この要因としては、街の方々との関係を深くしていこうという田邉副市長の姿勢や、熱海市議会にも新たな世代の方々が入ってきたことがあったかと思います。

田邉さんの存在は、私たちのように民間の立場から熱海の再生を目指している人たちにとっても大きな力となっていました。例えば、私たちが進めようとしていた**リノベーションまちづくりについても深く理解し、後押しをしてくれた**のです。

当時、三〇代だった田邉さんが、商工業者や観光業者を含めて、街の再生に向けてのコミュニケーションを円滑にする機能を果たしてくれました。その意味で、田邉さんは、熱海の街にとって、そして私たちにとって、あの時期になくてはならない存在だったと感じています。

その後、二〇一五年に田邉さんは副市長の任期を終了し、現在は森本要《かなめ》副市長となっています。

森本さんも経済産業省の出身ですが、田邉さんとは違うタイプの人です。緻密なやり方を得意とした田邉さんとは違って、リーダーシップをとって事業を進めるタイプで、新しい産業を生み出すために林業などに力を発揮しています。何事もポジティブに支えてくださる姿勢にいつも助けられています。

## ATAMI2030会議

二〇一六年六月、熱海市の主催で「ATAMI2030会議――熱海リノベーションまちづくり構想検討委員会」が始まりました。それ以来、約二ヶ月に一回のペースで開催していて、毎回一〇〇人以上の人が集まる場になっています。

この場は、得てして行政主催の会議などが陥りがちな、口だけの人たちが集まったり、行政に苦情を言ったりという会議とは、一八〇度、趣が異なります。

集まる人たちは、実際に熱海で何か事業や活動をやっている人たち、あるいはやっていきたい人たち、またはそうした熱海の動きに関心を持ち関わりたい人たちばかりで、会場は毎回大きな熱気に包まれています。

このATAMI2030会議は、毎回テーマを設けて行われます。

これまでに開催されてきた回では、「食と農」、「林業とエコな暮らし」、「海・山・自然が働き方を変える」、「アートと人と街と」などでした。毎回の構成は、そのテーマにおける熱海市の課題を行政の方がプレゼンテーションし、他地域での実践をゲストの方がお話し、地域内でそのテーマで活動している実践者のトークが数名あり、あとは会場での意見交換という構成です。

専門家や不動産オーナーやまちづくりに取り組む方などで構成される十数名の委員さんはいますが、誰でも参加自由で、発言も自由という会議で、YouTubeでも公開しています。

「熱海には興味を持っていたけれど、この場に参加して熱海への移住を決めた」

「この場の熱量を感じて、熱海でお店を出そうと思った」

そう言ってくれる方々も現れています。

ところで、この会議の名前にある「２０３０」とは、二〇三〇年のことです。このままいけば、熱海の二〇三〇年は今以上に深刻な課題に直面してしまいます。人口はピーク時の半分となる二万七〇〇〇人程度まで落ち込み、空き家率も七〇％を超えてしまいます。

二〇三〇年は単純に今の延長では考えられない。そう遠くではない未来に訪れる二〇三〇年の熱海を、自分たちの手で創り上げていこうということであり、その具体像を描いていこうというのがこの会議の目的です。

私は、活動を始めた頃から二〇三〇年を目標の年と考えてきました。「一〇〇年後も豊かな暮らしができる街をつくる」。それが二〇三〇年までに一区切りし、次の世代にバトンタッチする。この街は持続可能な形でやっていける、そんな道筋をつけたいと思っています。

私自身が二〇〇七年から一〇年間取り組んできたまちづくりがこのときに一つの結実を

迎え、またそこから新たなスタートとなることを感じました。

## 起業家を生み出す「創業支援プログラム99℃」

「ＡＴＡＭＩ２０３０会議」にこれだけのプレイヤーが黙って生まれてきたわけではありません。

清水さんの主催する家守《やもり》会社育成のためのプログラム、熱海家守塾、あるいはこれまでも何度か紹介したリノベーションスクールなど、そうした活動の賜物でした。

そして、もう一つ、大きな力を発揮したのが、「創業支援プログラム99℃」です。

これは、正式名称「99℃——Startup Program for ATAMI2030」というもので、熱海の二〇三〇年をつくる起業家を生み出そうというプログラムです。このプログラムを開発するにあたっては、前にも触れた東京のＮＰＯ法人ＥＴＩＣ．にも協力を得ています。

99℃は、毎週木曜日の夜間に二〜三時間のプログラムを行い、四ヶ月の期間にわたって行われます。行政などが一般的に行っているような座学を中心にしたものとは違い、事業計画をブラッシュアップしていきながら、毎週のようにプレゼンテーションや事業相談を行います。

講師や事業をアドバイスするメンターは単なる専門家ではなく、すべて自ら事業を立ち上げ実践してきて成功も失敗も経験してきた人たちにお願いしています。

ATAMI2030会議の2016年度ファイナル　©TanakaYoji

四ヶ月間で事業計画をつくるだけでなく、事業開始までのアクションも起こしていくことも求めています。そしてプログラムの最後にATAMI2030会議でその成果を発表するのです。

二〇一七年二月に行われた会には、二五もの起業家などのプレイヤーがプレゼンテーションを行いました。

99℃で大事にしていることは、単に起業すればよいということではありません。起業するだけならやろうと思えば誰でもできます。しかしそれを続けるのは困難の連続です。だからこそ、持続、発展可能な事業を生み出すことを目標にしています。

また、起業家を生み出すことだけでなく、企業が次々と生まれ育つエコシステム（生態系）づくりを目指しています。

こうした創業支援プログラムをやって、そのときだけ事業が生まれるのでは不十分だからです。

以前私たちも地域の起業家のリサーチをして実感しましたが、起業し成功するために必要な要件はいくつかあります。

一つは同じようなステージにある起業家同士のコミュニティの存在、そして先輩起業家とのつながり、そしてメンターやあるいは金融機関や不動産オーナー、行政など多様な人達とのネットワーク、こうした環境があって初めて企業が次々と生まれ育つことを知りました。

そこで、このプログラムでは地域の経営者や金融機関などの方々にも関わってもらう場も設けています。また海辺のあたみマルシェのような場に参加してもらい、顧客と出会い実際に商売を実践する場を提供したり、また私たちの管理する物件でテスト的に営業する機会をつくったりもして、実践を後押しすることを行っています。

起業したい人に補助金をつけたり、人件費を出したりという施策が全国各地でありますが、これでは起業家は育ちません。自ら事業をつくりあげる、それを後押しする取り組みこそをしていく必要があるのです。

**創業支援によって二〇三〇年までに熱海に新しい企業を一〇〇社以上誕生させ、売り上げのトータルで数百億円以上の産業をつくる。これが私の目標です。**

## 新たに生まれた家守や起業家たち

こうした99℃や、家守塾、リノベーションスクールによって、新たなプレイヤーが続々と生まれています。

林業をベースに、地産地消のエネルギー事業を始めようとする人、祖父がアトリエとして使っていた熱海の古民家をリノベーションしてクリエイター向けの合宿施設を開業する人、介護タクシー事業から手を広げて移動困難な方向けの観光事業にも着手する人、飲食店を開業した人もいます。

別荘地などの空き家を再生し、熱海に移住して自分らしい暮らし方をデザインすることをサポートするための不動産事業を立ち上げようという人もいます。

これは空き家が生じてしまう「市場の失敗」を事業の力で変えていこうというチャレンジでもあります。

以前から熱海には良い飲食店が数多くあるのですが、飲食の分野でも新たなプレイヤーが現れています。

実は、熱海のように超高齢化している街の場合、本来は健康に効果のある上質で豊かな食が求められるはずですが、これまではオーガニックなどのような健康に貢献するような食文化はなかなか生まれませんでした。

そんな中で、別荘や移住者などの人に向けた上質な食の提供を、ケータリングを通してチャレンジしようとする人も出てきました。この事業が生まれ育つと、こうした料理人の新たなマーケットが生まれる可能性があります。

そして、このプログラムは、創業する人だけではなく、第二創業にチャレンジする人も支援しています。

観光客がV字回復しているとはいえ、地方都市である熱海での商売が厳しいのは変わりません。

老舗商店を引き継いで、生き残っていくために、新たな柱となる事業を模索している人もいます。長く続く、熱海の文化といってもいい商店の再生は、街の大事な課題です。年々経営が厳しくなる老舗を引き継いで、マイナスからのスタートとなる第二の創業にチャレンジする人も必要なのです。

## 自らリスクをとって動き出してくれた不動産オーナー

熱海銀座を再生してきたリノベーションまちづくりにおいては、不動産オーナーの方々の存在は不可欠でした。私たち株式会社machimori《マチモリ》が扱う熱海銀座でのリノベーション案件については、machimoriが投資のすべてを行ったり、オーナーさんとリスクを取り合い、投資を分担したりしました。

このように直接、私たちの会社が関わって行う事業以外にも、不動産オーナーさんが自らリスクを取り、投資し事業を行ってきたものもありました。

例えば、熱海銀座から徒歩数分の海に面した渚町《なぎさちょう》というエリアで、そうした事業が二つ立ち上がっています。

渚町というのは、昭和の初期に掘られた丹那《たんな》トンネルの土で海辺を埋め立てて出来たという歴史を持つ場所です。一九五〇年（昭和二五年）に、熱海の街の大半が燃えたという熱海大火を免れ、今でも古い木造の店舗兼住宅が密集して広がる地区で、昭和の時代には繁華街として栄えたものの、その後衰退してしまいました。

海辺という好立地にもかかわらず、スナックや飲み屋という夜をメインにした商店が次々と閉鎖し、現在は、熱海の中心市街地の中でも最も家賃が低いエリアとなってしまいました。

この渚で生まれたのが、不動産オーナーである吉田奈生さんによるnagisArtという事業と、同じく不動産オーナーである茶田勉さんによるChauseという事業でした。

この二つともそれぞれ、二〇一三年の第一回のリノベーションスクール、二〇一四年の第二回のリノベーションスクールでの案件となったものでした。

吉田さんは、自らリノベーションスクールにも参加し、そこから「渚町アートが暮らす街構想」の提案と、それを具現化したアトリエ＋住居をつくるnagisArtというプロジェク

アトリエ＋住居 nagisArt、オーナーの吉田奈生さん

トを始めました。
吉田さんの所有する建物には、以前は二軒のスナックが入居していたのですが、一〇年近く前から両方とも退去し、空き店舗となってしまいました。店舗は出ていった状態そのままで、一階も二階も足の踏み場がないほど物であふれていました。
リノベーションスクールで関わった人たちを中心に総勢二〇名以上でのお掃除ワークショップから始まり、ＤＩＹの工事などに次々と関わる人が現れ、再使用に堪える状態になりました。
その後、美大の学生たちが二〇一三年から始めたアタミアートウィークでは彼らがここに寝泊まりしながら、展示会の会場とされ、アートを通して地域の方々とのつながりもできてきました。

その後は熱海に移り住んできたアーティストが住んで、アトリエとして活用されました。現在は新たな入居者を募集中で、今後もアートを通してこのエリアと関わっていく人が住み、活動していくことが期待されています。

もう一方のChauseは、オーナーの茶田さんの元々の実家であり、また経営する会社が事務所に使っていたところですが、事務所の移転に伴い空いてしまうということになったのがきっかけでした。リノベーションスクールでは陶芸作家が住むアトリエにしようというプランでした。このプロジェクトもスクールに参加した人たちが関わり、動きが生まれてきました。現在は器のお店と、カフェが入居しています。

また株式会社machimoriの取締役でもあり、武蔵野美術大学で非常勤講師も務める現代美術作家の戸井田雄さんがここを拠点にアート活動をしようと、会社もつくりアトリエとしての活用もし始めています。

戸井田さんはこれまでにも新潟や別府の温泉地とのアートイベントである混流温泉文化祭というイベントを熱海で開催するなどアート活動も行っています。

かつてスナックや飲み屋であふれていたエリアを、同じ業態のまま再生するのは困難です。

もちろん、かつての雰囲気があるからこそ面白い風情を醸《かも》し出しているのですが、飲食業とは異なる使い方を模索し、アートやものづくりをする人が集まり、創作風景を見ることができるような空間が生まれたなら、このエリアに新しい魅力が加わるのではないでしょうか。

このように、不動産オーナーさんが自ら動き出してくれたことは、エリアの再生にとって大変に力強いことだと思うのです。

## V字回復の裏にある、熱海のプレイヤーの世代交代

私たちの活動が上手くいったことについても、熱海市がV字回復しつつあることについても、**重要な要因となったのが、熱海市の原動力となる政財界のプレイヤーたちの世代交代**だったと、私は思っています。

熱海市長や市議会の交代について述べましたが、実は世代交代は、熱海市の観光業界でも起こっていました。

二〇〇八年、**熱海市観光協会長として月の栖熱海聚楽ホテルの社長である四一歳の森田金清《かねきよ》さんが就任**しました。

観光戦略会議のメンバーでもあった森田さんにお会いした当初、

「(年に何回も開催される) 花火で確かにお客さんは来る。しかしいつまでも花火だけに頼り続けるのか」

これからは観光まちづくりも重要、そんなことを仰っていたのが印象的でした。

観光協会は齊藤市長と対立しているとメディアでは面白おかしく騒がれていたりもしましたが、二〇〇七年に市長がつくった観光戦略会議には後の森田会長も参加しており、熱海市と民間の共通理解が進んでいたのです。

その後熱海の旅館、商店、商店街等で徐々に世代交代が進んでいきました。

二〇一四年、私は森田会長から、「副会長をやるように」と言われ、微力ながら観光協会の副会長を四年間務めました。

ほとんど何も貢献できなかったというのが正直なところでしたが、観光協会の会長や他の副会長たちがとても優れた経営者であり、大変なパブリックマインドを持って街のことや観光のことを考えておられるのを身近で感じさせてもらい、とても良い経験になりました。

観光協会の変化として一番大きいのは、それまでは**市の委託事業や補助金の割合が多く予算に頼っていた観光振興事業が、今では自主事業の割合が増えてきた**ことです。全国どこもかしこも税金依存な状態なのが観光協会の実情だと思いますが、そこからの脱却も意図し様々な施策にも取り組んできていたのです。

二〇一六年度の観光協会の決算では、市の補助金や委託による収入よりも自主事業収入の方が金額的に上回っています。

また、かつては観光協会と旅館組合、商工会議所の三つがバラバラと言われた時代もありましたが、今では、一致して熱海振興へと協力するようになっています。新しい世代の時代に入ったとき、強い危機意識が共有されていたことが大きいでしょう。

私たち熱海の三〇代後半から四〇代の人々は、気づいたときには熱海がかなり衰退し始めていた世代でした。Uターンして帰ってきた際に実家の旅館や商店の経営状態がかなり悪化していたという状況だったと思います。

そうした中で、この世代が危機感を持ち、それぞれ引き継いだ事業を立て直してきました。中には業態転換をし、別の店を始めた人々もいます。

例えば、熱海駅前の仲見世通り商店街の変化は大きなものです。今から二〇年ほど前は暗い商店街だったものが、二〇〇三年、CAFE KICHIというカフェができ、その後パン樹久遠《じゅくおん》というパン屋さんができて大きく変わりました。今ではセンスのいい店が次々とできています。それも皆外から来た人たちではなく、地元の人たちが新たな店を始めたものです。

二〇〇三年、まだ社会人になりたての頃、熱海の街を歩いていてCAFE KICHIを見つけたときには、熱海にもこういう店ができてきたんだととても嬉しかったのを覚えています。CAFE KICHIは元々倉庫だったところをリノベーションしたカフェでした。

今の熱海の再生はこうした方々の地道な努力の積み重ねです。熱海がまだ沈んでいた二〇〇〇年代前半からそうした改革は水面下で起こっていました。そうした下積みの時代を経て、ようやく二〇一一年頃から効果が出始めたのです。

ところで、熱海では、観光協会にせよ商店街や旅館にせよ、世代交代が上手く進んでいますが、これには上の世代の人たちのバックアップが非常に重要だったと思います。

例えば､とある商店街では上の世代の方々が、次世代を担う世代に一気に世代交代を図ったという話を聞きました。

長老世代の反対も抑えて新しい世代に引き継いだとのことです。

これは観光協会の世代交代でも同じで、上の世代の方々から私たちはかなりのバックアップを受けていました。

そうでなければ、前に進められないという事業が非常に多かったのです。

熱海に限らず全国どこでも、何かを変えなければいけないのに、変えられないというとき、原因をよく探ってみると、前の世代が圧迫して、次世代がその重石のせいで動くに動けなくなっているということがよくあります。

ところが熱海では、**上の世代が新しい世代を邪魔するのではなく、むしろバックアップする方向へ力を貸してくれた方々がいたことで、世代交代が上手くいった**わけです。

これは、外から来た新しい人により発展してきた歴史を持つ熱海の、良き風土なのかもしれません。

## 二〇三〇年に向けて、これからが本当の始まり

熱海は少しずつ変わってきています。事業所数が増えてきていますし、熱海銀座など中心街の地価も下げ止まるところもでてきました。

空き店舗が減って新規出店が増えるようになったからです。宿泊者数も増加して、街全体に賑わいが戻りつつあります。

地域の世代交代も起こり、そうした地域の新たなリーダーの方々にも協力を得たり、支援を受けながら、私たちのまちづくりの活動も、だんだんと見える形で街に変化をもたらすことができるようになりました。

しかし、観光地、リゾート地としての価値の向上は、これからです。二〇三〇年には世界から選ばれる街となる、そう考えるとやるべきことは山ほどあります。

例えば、観光地である熱海ならではの子供の育ち方、教育のあり方があるように思えます。

また、観光地としてとても大事なのは地域の食文化であり、良質な食のコンテンツだと思います。熱海にはまだまだ食の可能性があります。伊豆半島には豊富な食材があります。東京から見て、静岡県の入り口に位置する熱海ですが、静岡県は生産している食材の種類が日本一とも聞きました。

こうした食の素材を活かして、熱海ならでは、伊豆ならでは、静岡ならではの食がこの熱海から生まれ、世界から食で選ばれるような街にしていきたいとも思います。

これからの熱海は「観光と移住の間の、いかにグラデーションある多様な暮らし方ができる街になっていくか」が大事だと思っています。

働き方改革が叫ばれる中で、地方を拠点に働くことや、たまには場所を変えて一定期間地方で働くことなど多様な働き方も広がっていくと考えられます。

また、地域と企業のいい関係も模索していきたいと思っています。かつて保養所などが一気に撤退していったことで、私の生まれ育ったエリアは衰退しました。〝熱海外資〟の企業がただ単に入ってきても、状況が悪くなればすぐに撤退する。そうならないように企業にとっても地域にとってもいい関係づくりを、実際の事業を開発することによって進めていきたいと思っています。

クリエイティブな企業が、熱海に本社やサテライトオフィスを移すという未来を十分想像できます。

働き方だけでなくて暮らし方の多様性も求めていくべきでしょう。

今までのようにお金にも時間にも余裕のあるシニアの方々が熱海で別荘を持つ、というのではなく、二〇代、三〇代の若い世代も当たり前のように週末は熱海に来て暮らせることができるような環境をつくっていきたいと思っています。

こうしたことに対応して、ゲストハウスだけでなく、もっと多様な住まいやオフィスのあり方もあり得ます。

宿泊の形態も、もっと多様なあり方があるはずです。私たちもguest house《ゲストハウス》 MARUYA《マルヤ》を立ち上げる際にも実は将来的な構想がありました。MARUYAは一つの宿で完結ではありません。かといっていたずらに規模を拡大するというのではありません。

熱海には江戸時代に湯戸《ゆこ》と呼ばれる二七の宿がありました。熱海の中心であった大湯《おおゆ》の温泉を使って、当時では画期的だった内湯を備えた宿です。当時は共同浴場に入ることが当たり前だったのですが、各宿の中にお風呂をつくったのです。身分の高い人が泊まるような高級路線の新しいビジネスモデルが生まれたのがここ熱海でした。

これからの熱海では単なる高級路線ではなく、より良質な価値を求めるクリエイティブな感性を持った方々に向けていくことが重要だと思っています。そうした方々は、街とふれあい、街の文化を知り体験することにこそ価値を感じると考えています。

だからこそ、街に滞在するという文化をつくり出す事が大事だと思っています。

かつての湯戸が新たなモデルをつくったように、これからの熱海という観光地がすべき宿泊のあり方はなんだろう、と考えてたどり着いた答えがこれです。

「MARUYAをハブに二七の宿を街に点在させよう。一つ一つの宿は小さくていい。空き家や辞めてしまった小さな温泉旅館などを活用して、それをネットワークにつなぎ、多様な滞在の仕方を生み出そう。そして、それと温泉施設や飲食店もつなぎながら、まるで街全体が宿のような感覚で泊まれる街をつくろう。そこには短期で泊まる場もあれば、より中長期で滞在することもできる、気に入ったら住むこともできる、そんな滞在のあり方をつくりだそう」

街全体が宿、そうしたあり方は、既にイタリアではアルベルゴ・ディフーゾという仕組みとして広まっていることを知りました。

そしてこうした価値観を共有する方々、熱海のまちづくりにも関わっていただいた、嶋田洋平さんや大島芳彦さん、中村功芳《あつよし》さんなどと共に二〇一七年、全国的な団体として、一般社団法人日本まちやど協会も発足させました。

こうした価値観で、宿を通して街の再生を考えている人を増やし、またそれにあった法制度も提案していこうという考えです。

## 本当の「リゾート」を目指して

私たち株式会社machimoriやNPO法人atamista《アタミスタ》の活動は始めた当初は予算も少なく、活動の原資を、補助金や委託事業などの税金に依存していた時期もありました。売上規模もようやく一億円を超えるようにもなり、自分たちで稼ぐ資金が大半を占めるようになってきました。ようやく自立できてきたと言えます。

私たちmachimoriは、熱海のこれからの宿のあり方や温泉施設のあり方、そして食を提供する飲食店のあり方を考え、地域に新たなサービス産業を生み出していくことにもチャレンジしていきたいと考えています。

私たち自身が宿泊、温泉、飲食の新たな業態開発にも取り組んでいきたいと考えています。まちづくりとは、街のコンテンツづくりであり、いかに新たな業態の商売を考えていけるかというチャレンジでもあります。

そしてそういう場を通して、熱海のファンづくりを行っていくと共に、熱海で働き暮らしていく人を育てていけるようになっていきたいと考えています。

そのことを通して、一〇〇年後も豊かな暮らしができる街を実現していきたいと考えています。

リゾートとは本来、「再び行く場所」という意味です。

再び、**「何度でも行く場所」としてのリゾートとして選ばれる街になる**ためにこれからがスタート、そう思っています。

### 第9章で紹介した「成功要因」

- リノベーションスクールで街の不動産オーナーがリスクを取って動き出した。
- 民間マインドのある行政とパブリックマインドをもった民間が連携し変化が加速。
- 起業家が生まれ育つ環境があってこそ、起業の連鎖は起こる。
- 熱海市の財政危機宣言による危機の共有と、戦略の共有があって変化は始まった。
- 熱海再生の裏にプレイヤーの世代交代と自らを改革してきた街の人たちの努力があった。
- 上の世代が新しい世代への世代交代を後押しした。
- まちづくりに成功やゴールはない。常に先を見据えて今とれる打ち手を打つ。

エピローグ

# 都市国家のように互いに繁栄を

## 外から来る人が熱海の魅力をつくってきた

熱海という場所は、外から入ってきた人によって発展してきた歴史があります。江戸の頃の大名が華族となった明治時代、熱海はまずそうした人々の別荘地として始まりました。それからだんだんと、政治家や作家といった人々も別荘を構えるようになったそうです。

つまり、かつての熱海は、温泉観光地というよりも別荘地だったわけです。

また、現在の老舗旅館の経営者の多くも、江戸時代や室町時代など、どこかの時代に熱海の外から来た人でした。

こうした熱海の原点を考えれば、外から来た人たちが新たな文化を持ち込み、それが地元の文化と融合することによって、この街の文化がつくられてきたのだということもできます。

熱海という街には、歴史的な背景があります。

熱海の来宮神社《きのみやじんじゃ》の参道に大湯《おおゆ》があり、周辺に熱海の街ができていく。長い時を経て、元の参道は熱海銀座と呼ばれる中心街になりました。

そして現代、路地裏の喫茶店には八八歳のマスターがいて、九〇代のお母さんがやっているジャズ喫茶があって、そこから少し行くと、元の遊郭《ゆうかく》だった建物が残り、まるで昭和のまま時間が止まっているかのような街並みが続く。

私たちの街の魅力は、こうした歴史が自然に積み重なって文化になり、どんどん変わりながら、今も時間が地層のように降り積もっていっていることで、生み出されているのだと思うのです。

この街では多様な人に出会うことができます。飲み屋に行けば、地元の色んな人々に会うことができ、時には、某大企業の社長さんがひょっこりと酔客たちに混じって座っていたりしています。

かと思えば、人生の辛酸を今なめている人々の姿を、直《じか》に知ることもできます。

本当に、熱海という街は多様なところなのです。色んな人が色んな生き方をし、自由に肩ひじを張らずに暮らしている街です。

生活と仕事、プライベートとビジネス、そういう具合に分けるのではなく、境界のない融通無碍《ゆうずうむげ》な時間の中で生きている人が多い街なのです。

こんな熱海の魅力にはまる人が、どうか、もっと増えますように。

そして、熱海にも負けないほどの魅力ある地方の街が、どんどんと再生して、長く繁栄していきますように。

私たちはそう願って、今日も熱海の街のまちづくりを続けています。

## 二〇三〇年の熱海の風景と、この国の風景

二〇三〇年、熱海は独立する。

私はこんな未来を描いています。これからは街がいかに自立していくかが重要だと考えているからです。

自立とは孤立を意味しません。また、熱海だけが繁栄すればいいというのでもありません。日本の各地もまた独立を果たし、江戸の頃の藩のように自立した存在として、互いに高めあっていくようになればいいというイメージを持っています。

そのために、まず、熱海を成功させたい。そう思っています。それにより全国各地の地域にも刺激を与えられるようなそんな存在になりたいと思っています。

日本全国で自立した街が増えていけば、日本全体が今までとは違った形で繁栄を続けていけるのではないでしょうか。

熱海と同じ街をつくるのではなく、それぞれが地域性を活かして独立し、互いに補い合う存在として交流するわけです。

国内での小規模ながらきめ細かな貿易が可能かもしれませんし、お互いの地域の人たちがお互いに行き来しあうという関係を築けるかもしれません。それが新たな観光のスタイルかもしれません。

そういった、顔の見える付き合いのできる街が日本中、世界中に出来たらいいと思っています。そうした交流の中で、熱海の文化がさらに磨かれていけば、世界中から人が訪れてくれる街になることも不可能ではないでしょう。

## たった一人からでも街は変わる、社会は変わる

この本では、まだまだ進行中の熱海再生の取り組みで、これまでの私たちの経験とそこから得たものをご紹介してきました。

完成には至っていないですし、まだまだこれからのチャレンジではありますが、全国で衰退しつつあるたくさんの街を活性化するのに、少しでもお役に立てるのではないかと思い、隠さずにお話ししました。

古い街をただ壊すのではなく、古い街にそのましがみつくのでもなく、街の良さを新しい価値観で発見して活かしていく。

それがリノベーションまちづくりです。

日本の地方都市にはそれぞれ、独自の歴史があり、自然があり、文化があります。その

個性を新しい目で見直すことで、街を再生するカギを発見することは不可能ではないはずです。

街という地方社会を活性化するために、リノベーションにより街の良さを活かしたビジネスを起こすというまちづくりは、日本中のあらゆる地方都市でもできると思うのです。

ただし、リノベーションまちづくりも、まちづくりの手法の一つに過ぎません。まちづくりの取り組みや事業は、こうしたら失敗するという明らかなことはたくさんあっても、こうすれば成功するというわかりやすい処方箋があるわけではありません。

また、解決策やノウハウにもその裏側に、それが成果を出すことを可能にした前提や背景があります。その背景を理解せず闇雲《やみくも》に成功事例に飛びついても上手くはいきません。

だからこそ、安易な解決策やノウハウではなく、私自身の経験を余すことなく出来る限り書いたつもりです。まちづくりのこのプロセスから何かを知り、感じ取ってもらえたらと思っています。

しかし、正直に言うと、「この本を読んでも、決して真似はしないでください」とも伝えたくなります。大した稼ぎも計画もなく、想いだけで突っ走って活動を始め、事業を始め、一〇年以上走り続けてきたこの道のりを振り返ると、随分と無茶をしたものだと思うのです。私が一〇年前の自分にアドバイスするとしたら、「もっと稼げることからやれ。でないと続かないよ」と言うでしょう。

私自身には何があっても、どんな困難にぶち当たっても決して熱海のまちづくりをあきらめない確信がありました。どんな困難にぶち当たっても、ただの一度も辞めようと思ったことはありませんでした。

でも、決してそんな姿勢でなければ、まちづくりができないわけではありませんし、自分や周りの誰かを犠牲にして取り組むことは、結局のところ、良い結果をもたらさないと思うのです。

街を変えることには時間がかかります。だからこそ、楽しく続けていくことが大事です。そのためには、稼ぐことに向き合うことが大事だと考えています。

時間はかかりますが、思い描いたものを実現していくことはできます。たった一人から始めても地域は変わり得るのです。たった一人の力では何も変えられませんが、たった一人からでも立ち上がれば、共感してくれる人たちが現れるからです。

立ち上がることを、声を上げることを恐れないでください。何か問題や、逆に可能性に気づいてしまったら動き出してみてください。気づいてしまったものの責任というものもあると思っています。その責任を引き受けてみてください。すると引き受けた責任以上の価値を受け取れるのではないかと思います。

そして未来を、ビジョンを描いてみてください。できるだけ大きなビジョンを。考えるのは自由です。未来を妄想する力も大事だと思っています。

ただし、一歩目はできるだけ小さく踏み出すことをおすすめします。いつまでも考えていても何も起こりません。どんなアクションでも起こせば何かが起こります。でも、あまり大きな一歩だと大きすぎる怪我をしてしまう場合もあるので、転んでも再チャレンジできるくらいの一歩を踏み出してください。志は高く一歩目は低く。

これを読んで何かの一歩を踏み出してくれる方が一人でも多く出てきてくれたら。そう願っています。

【著者紹介】
**市来広一郎**（いちき　こういちろう）
株式会社machimori代表取締役。NPO法人atamista代表理事。一般社団法人熱海市観光協会理事。一般社団法人ジャパン・オンパク理事。一般社団法人日本まちやど協会理事。
1979年静岡県熱海市生まれ。東京都立大学（現首都大学東京）大学院理学研究科（物理学）修了後、IBMビジネスコンサルティングサービス（現日本IBM）に勤務。2007年熱海にUターンし、ゼロから地域づくりに取り組み始める。遊休農地再生のための活動「チーム里庭」、地域資源を活用した体験交流プログラムを集めた「熱海温泉玉手箱（オンたま）」を熱海市観光協会、熱海市と協働で開始、プロデュース。2011年民間まちづくり会社machimoriを設立、2012年カフェ「CAFE RoCA」、2015年ゲストハウス「guest house MARUYA」をオープンし運営。2013年より静岡県、熱海市などと協働でリノベーションスクール@熱海も開催している。2016年からは熱海市と協働で「ATAMI2030会議——熱海リノベーションまちづくり構想検討委員会」や、創業支援プログラム「99℃——Startup Program for ATAMI2030」なども企画運営している。

熱海の奇跡
いかにして活気を取り戻したのか

2018年6月14日発行

著　者——市来広一郎
発行者——駒橋憲一
発行所——東洋経済新報社
〒103-8345　東京都中央区日本橋本石町 1-2-1
電話＝東洋経済コールセンター　03(5605)7021
https://toyokeizai.net/

装丁・本文デザイン……泉沢光雄
写　真…………………梅谷秀司（クレジットのある本文写真以外）
D T P…………………タクトシステム
印刷・製本……………図書印刷

　ISBN 978-4-492-50301-0